DE L'
THEATRE EUROPE
Direction Giorgio Strehler

Perugi
Dneipioschenopu 1986

Micki centissimo!

Ti scrivo in italiano per parlarti meglio.
Sono Felice (in una mia grande infelicità umana
e totale) ed oigofioso di averti avuto vicino in
quelle avventure. Le 'nostre, storie ci ha portato più:
Ed è giusto. Tutto ciò che hai fatto per il tuo pesaner
pio me anche per il "teatro, (esempio di amore, dedizione
concentrazione, totale umiltà e disciplina interiore, fanta
sie, vigore, intelligenza) reste. Resta dentro le tue vite.
Il nostro mestiere e però 2 lo di te dichiare amico una vol
te - anche se ormai è zero - le sue mobiltà.
Sei stato, sei - come sempre - il compagno ideale delle
nostra meraviglioso e miserabile - Freie - Azte. dolcemente
Giorgio.

HOTEL BAUER GRÜNWALD
& GRAND HOTEL
30100 VENEZIA

10.I.83

Auch in Venedig gedenkt
Caesar seines Marc Antons -
fei umarmt von
Deinem
Johan, dem Teixl
dem Falzenstead

TIP. SILVA - VENEZIA

Monika Mertl

Auf Stichwort:
Michael Heltau

Deuticke

1 2 3 4 5   12 11 10 09 08

ISBN 978-3-552-06086-9
Alle Rechte vorbehalten
© Deuticke im Paul Zsolnay Verlag Wien 2008
Satz: Eva Kaltenbrunner-Dorfinger, Wien
Druck und Bindung: CPI – Ebner & Spiegel, Ulm
Printed in Germany

Inhalt

Wo die Prinzen geboren werden,
ist noch immer ein Geheimnis

Dieses Buch war nicht geplant. Nicht vom Verlag, nicht von der Autorin, und schon gar nicht von Michael Heltau. Der hatte seit Jahrzehnten alle Projekte dieser Art, die man an ihn herantrug, beharrlich abgewehrt. Er finde Biographien grundsätzlich uninteressant, sagt er, und »Schauspielerbücher« langweilig. Vor allem aber wollte er nicht, dass sein »schönes Leben«, das so vielfältig, so reich an menschlichen und künstlerischen Begegnungen war, »zwischen zwei Buchdeckeln« stattfindet – festgeschrieben und preisgegeben in einer Form von Erstarrung, die dem durch und durch spielerischen Prinzip seiner gesamten Existenz zuwiderläuft. Keine andere Kunst ist so sehr eine Kunst des Augenblicks wie die des Schauspielers. Vielleicht hat kein anderer Schauspieler den »Luxus der Vergänglichkeit« so sehr zur persönlichen Maxime erhoben wie Michael Heltau.

Dieses Buch ist »passiert«. Es entstand aus einer Verkettung von Zufällen, und diesen Charakter des Zufälligen, Spontanen zu bewahren, war uns wichtig. Es entstand, weil Michael Heltau und ich nach einem eher pflichtmäßig zustande gekommenen Interview entdeckt hatten, dass das miteinander Reden uns beiden etwas Besonderes bedeutet. Wir wollten weiterhin miteinander reden.

Als Schauspieler kenne ich Michael Heltau, seit ich ins Theater gehe, seit seiner großen Zeit als Hamlet und Romeo am Wiener Volkstheater Anfang der siebziger Jahre, und ich habe ihn nie aus den Augen verloren; als Protagonist des Burgtheaters und als Entertainer blieb er auch in meiner Zeit als professionelle Zuschauerin ganz selbstverständlich präsent. Persönlich waren wir einander allerdings nur einmal, 1997 in Graz, kurz begegnet. Und kennen gelernt haben wir einander erst im Verlauf der Gespräche, auf denen dieses Buch beruht. Der Prozess des Kennenlernens ist somit in die

Bild links: Oberrealschüler und Redakteur der Schülerzeitung in Ingolstadt, 1949/50

7

Arbeit unmittelbar eingeflossen, und die Auseinandersetzungen, die wir miteinander zu führen hatten, wurden zu einem konstituierenden Element. Die Autorin ist hier nicht Chronistin im Sinne einer konventionellen Biographie, die es ja von vornherein nicht sein sollte, sondern involvierte Partnerin.

Michael Heltau hat das Buch als unsere gemeinsame Aufgabe aufgefasst und sich für seinen Part sehr verantwortlich gefühlt. Er hat es sich (und mir) dabei nicht leicht gemacht. Er nahm sich viel Zeit, er vermittelte mir sein Vertrauen, er war offen und akzeptierte auch meine Offenheit. Unsere Begegnungen waren zahlreich und immer impulsiv, reich, lebendig, unterhaltsam, nicht selten konfliktgeladen. Die Gespräche nahmen stets einen aleatorischen Verlauf. Natürlich hatte ich zunächst ein Konzept, aber ich gab es bald auf, mir bestimmte Themen vorzunehmen oder systematisch vorgehen zu wollen. Meist lieferte eine kleine Begebenheit im Moment des Zusammentreffens oder ein Tagesereignis den Einstieg, aus dem sich dann ein facettenreicher, in sich erstaunlich stimmiger Bogen entwickelte. Michael Heltau ist ein vorzüglicher, an großer Literatur geschulter Erzähler, und wie er im rhetorischen Sog seiner durchaus an Thomas Bernhard gemahnenden Suada zu quasi bühnenportalfüllendem Format aufläuft, ist ein Erlebnis für sich.

Meine professionelle Haltung bestand darin, mit einem beständig wachsenden Reservoir an Fragen dabei zu sein, auf der Spur zu bleiben, ohne »lenken« zu wollen – vielmehr der Intuition vertrauend ab und zu einen kleinen Anker auszuwerfen, punktuell tiefer zu gehen, um die nächste Ecke zu lugen. Muss ich erwähnen, dass mein Vorrat an nicht gestellten Fragen immer größer statt kleiner wurde? Aber was für eine schöne Erfahrung, wenn dann plötzlich unerwartet eine Tür aufging, eine lupenreine Einsicht druckreif formuliert wurde! Und wie zur Belohnung für meine »Diskretion«, für meinen Verzicht auf inquisitorische Konkretheit, legte mir mein Gesprächspartner dann manchmal ein Geschenk in den Schoß.

Aus dem Gesagten ergibt sich von selbst, dass dieses Buch kein Resümee ziehen, keine »Ergebnisse« vorlegen oder gar Bewertungen vornehmen will; diese verbleiben »in the eye of the beholder«, wie Michael Heltau gerne sagt. Er sollte im Rhythmus seines individuellen Temperaments erfasst, mit der seinem Wesen angemessenen Leichtigkeit, auch Sprunghaftigkeit porträtiert (und keinesfalls »objektiv« betrachtet) werden. Daher war es mir wichtig, unsere Dialoge, die zuweilen den Charakter von Theaterszenen annehmen, in ihrer Authentizität zu erhalten. Jeder größere redaktionelle Eingriff, etwa die Gestaltung nach thematischen Zusammenhängen, hätte genau jenen Reiz des Live-Auftritts zerstört, den wir – auch um den Preis rasch überholter aktueller Bezüge – vermitteln wollen.

Aus den Unterhaltungen, die wir von Februar bis Juni und dann wieder ab Weihnachten 2007 führten – in der Zeit dazwischen bestand intensiver telefonischer Kontakt – habe ich jene ausgewählt, die über anekdotische und biographische Aussagen hinaus einen »tieferen Blick« in Michael Heltaus Gedankenwelt eröffnen. Wenn das, was nun vorliegt, von den Leserinnen und Lesern als Sammlung von Momentaufnahmen erlebt und empfunden wird, dann ist die Übung gelungen.

Von den »Spielregeln«, die Michael Heltau am Beginn unserer Zusammenarbeit für dieses Buch ausgegeben hat, lautete die erste: »Die Kindheit rasch, rasch, in Stichworten – so ist es nämlich im Leben.« Daher habe ich mich mit ihm darauf verständigt, eine zusammenhängende Darstellung seiner Biographie, seine ziemlich ungewöhnliche Kindheit und seine unruhige Jugend in schwierigen Zeiten betreffend, nicht in den Textteil, sondern in den Anhang aufzunehmen und mich dabei auf das Wesentlichste zu beschränken. Auf diese Weise bleibt sein Anspruch gewahrt, den Beruf als »Schutzmantel« zu nutzen, unter dem immer neue Verwandlungen möglich sind. Und es erfährt jener Satz Bestätigung, den ihm einst Boleslaw Barlog mit auf den Weg gab: »Wo die Prinzen geboren werden, ist noch immer ein Geheimnis.«

Wien, im Februar 2008
Monika Mertl

1 Es ist leichter, von oben herunter zu spielen als von unten hinauf

Als ich ins wegen Schlechtwetters total überfüllte Café komme, ist MH bereits in eine Unterhaltung mit einem deutschen Touristenpaar verwickelt, das sich bei ihm nach dem Weg erkundigt hat. Er gibt diese Frage an mich weiter, noch ehe ich ihn begrüßen, mich aus dem Mantel schälen und den triefenden Schirm loswerden konnte, und involviert schließlich den Ober, der endlich Auskunft gibt.

MH bestellt Mittagessen. Während unseres Gesprächs wird er mehrmals von anderen Gästen erkannt und gegrüßt, was er höflich erwidert, ohne sich ablenken zu lassen.

Ausgangspunkt unserer Unterhaltung ist daher die »Höflichkeit«, genauer gesagt der Umstand, dass MH immer wieder an seiner Erziehung zur »Höflichkeit« leidet – und dass seine Lehrerin und Freundin Helene Thimig zu ihm gesagt hat: Aus dir kann man so leicht eine Wurz'n machen. [Sinngemäß: Dich kann man leicht ausnutzen.]

MH: Höflichkeit ist die beste Methode, um an Leuten vorbeizukommen, mit denen man nicht ins Gespräch kommen will. Man sagt guten Tag, und schon ist man vorbei, und das sagt man halt nett, und nicht mit einem grauslichen Blick oder in einem grauslichen Ton.

MM: Wenn man populär ist, muss man sich auch eine Technik zurechtlegen, wie man damit umgeht.

MH: Es ist keine Technik, es ist das, was ich jetzt gesagt habe. Da bin ich nie routiniert geworden, sondern ich habe ein Gespür dafür entwickelt, was das Erkanntwerden wert ist, und es gibt Leute, die an einem vorbei gehen und einen so anschauen, dass es eine appetitliche Intimität ist, dass mir jemand einen Blick gibt, dass diese Leute etwas von mir begriffen haben, oder dass

Bild links: *Im ersten Engagement in Würzburg, 1953*

11

ich in einem für sie geeigneten Moment da war, dass sie etwas von mir bekommen haben, in einem guten Moment – das ist das sehr Schöne. Und dann gibt es halt einfach die stupide Neugierde, dieselbe, mit der die Menschen in den Fernseher glotzen.

Es ist mir auch passiert, dass im Fernsehen irgendwelche populären Sachen waren, wo mir die Leute gesagt haben: Da treten Sie nicht auf, warum eigentlich nicht?

MM: Zum Beispiel haben Sie nie einen Fernseh-Kommissar gespielt.

MH: Einen Kommissar nicht, aber in Krimis habe ich gespielt. Aber das ist auf einer Basis der Wertschätzung geschehen. Helmut Ringelmann, der immerhin bei Heinz Hilpert das Metier gelernt hat, hat die erfolgreiche Derrick-Serie erfunden. Er wollte unbedingt, dass ich etwas bei ihm mache und hat mir immer wieder Krimis geschickt, und ich hab sie nicht verstanden; ich weiß nicht, wie man sich verdächtig macht und alle diese Sachen.

Aber ich habe insgesamt fünf oder sechs Krimis gemacht, und die waren in diesem Genre immer außergewöhnlich. Einmal habe ich einen Lehrer in einer Mädchenschule gespielt, der, was sehr wahrscheinlich ist, und das hab ich verstanden, in Troubles kommt durch diese jungen Weiber; das hab ich gerne gespielt. Dann habe ich zu Ringelmann gesagt, mich würde interessieren, einen zu spielen, der der Negative ist, und da hat Herbert Reinecker ein Buch geschrieben, wo ich einen dreifachen Mörder zu spielen hatte. Das war überhaupt ein Knüller, da hatte ich Kritiken, die man nicht glaubt. Das war amüsant. Einmal war das ein Mensch, der durch einen Schock »ausgestiegen« ist, der ein Sandler war und die Sprache verloren hat …

MM: … das sind ja interessante Rollen!

MH: Ja, aber es hat für mich den Aufwand nicht gelohnt. Man hat mir gesagt, es sei wichtig für die Popularität. Das war vor allem in der Zeit, als im Fernsehen der *Liedercircus* gelaufen ist, das war wirklich ein tolles Echo, Kritiken in der *Süddeutschen* und in der *Zeit*, wo es hieß, ich sei angelsächsisch und so Zeugs. Und das ZDF war interessiert daran, dass ich auch

12

irgendwo anders noch erscheine. Rademann wollte dann unbedingt, dass ich den Doktor Brinkmann spiele …

MM: … die Wussow-Rolle? *Die Schwarzwaldklinik*?

MH: Ja ja, genau, nachdem Armin Müller-Stahl abgesagt hatte, haben Rademann und Peter Gerlach vom ZDF mich gefragt. Zu Gerlach bin ich insgesamt dreimal nach Mainz geflogen, zu Mittagessen. Mir war immer klarer, von Mal zu Mal, dass das nix für mich ist, und beim dritten Gespräch sagte ich zu Peter Gerlach: Herr Gerlach, ich mach's nicht, ganz sicher nicht, ich stehle Ihnen die Zeit und dem Rademann, das Ganze kostet auch Geld, immer wieder der Flug, und auch Mühe. Und dann sagte er: Jetzt habe ich dem Rademann gesagt, ich schaff es, dass Sie noch einmal kommen. Sag ich: Na, und dann werden Sie beide sauer sein auf mich … – Nein, nein, kommen Sie.

Also komm ich hin, wir sind wieder essen gegangen, Peter Gerlach, Rademann und ich, und da sagte Rademann etwas sehr Gutes zu mir: Wenn Sie mir mit einem Satz sagen können, warum nicht, dann quäl ich Sie nicht länger, und wir bleiben gute Freunde. – Jetzt hat mir Gott einen Satz eingegeben: Ich kann nicht ein Jahr Leuten den Puls messen und das dazu passende Gesicht machen. – Ich war ein bißl wütend, man hat mich an die Wand gestellt, das ist ja wahnsinnig schwer: Sagen Sie einen Satz, der mich überzeugt! Aber er war ein raffinierter Hund, und den Satz hat mir Gott eingegeben. Ich bin kein raffinierter Mensch, es war nie ein Kalkül dabei, wenn ich etwas abgelehnt habe. Ich bin mir nicht zu gut, einen Boden aufzuwischen, ich bin mir nicht zu gut, ein Klo zu putzen, aber ich bin mir oft zu gut für etwas gewesen, was mir angeboten wurde in meinem Beruf. Ist das klar gesagt?

MM: Aber das müssen Sie doch!

MH: Nicht, nicht? Und das geht nicht, weil's nicht geht, ganz einfach, da brauch ich keine Argumente. Das ist mir auch sehr, sehr wichtig. In dem konkreten Fall fiel mir zum Glück etwas Überzeugendes, Amüsantes ein. In Bezug auf das Medium Fernsehen ist auch meine Toleranz als Zuschauer unendlich strapaziert, aber man hat ja dann die Möglichkeit, gar nicht hinzuschauen. Ich kann über die *Schwarzwaldklinik* nichts sagen. Ich bin allerdings überzeugt davon, dass auch ein anspruchsvolleres Fernsehprogramm ein Publikum haben würde. Der Gegenbeweis wird ja nie gemacht.

Für einen Menschen, der aufgewachsen ist in einer Zeit, als der kleine Volksempfänger am Attersee die Sensation war – die Übertragungen der Salzburger Festspiele! Ich erinnere mich noch: Wenn ein Gewitter war, war die Sendung unterbrochen; in den Ferien, da durfte ich länger aufbleiben. Wie ist die Phantasie angeregt worden! Kaum etwas, das ich damals gehört habe, hat in der Wirklichkeit die Phantasie dieses Knaben erreicht, wenn er's dann später gesehen hat. Diese herrlichen Stimmen, diese göttliche Musik, diese göttlichen Werke, Mozart, Beethoven, komischerweise auch … ich erinnere mich, wie die Mutter einmal gesagt hat, ich glaub, heut wirst' nicht durchhalten: *Arabella*. Sie hat sich getäuscht, kann ich nur sagen. Ich hab natürlich die Hälfte nicht mitgekriegt, aber diese betörende Sinnlichkeit hab ich schon gespürt. Natürlich nicht gewusst, was es ist, aber das ist mit den Früchten im Paradies nur zu vergleichen, die du noch nicht verstehst und vielleicht auch noch nicht genießen sollst, *ma* – aber …

Man muss wissen, dass das Kostbare, Einzigartige am Schauspielerberuf der Luxus der Vergänglichkeit ist, dass es jetzt, in dem Moment, stattfindet. Morgen ist es Erinnerung, und die Erinnerung macht etwas damit. Wer das nicht begriffen hat, in unserem Beruf, hat das Geheimnis dieses Berufes nicht begriffen, kommt ihm nicht einmal in die Nähe. Wenn wer glaubt, etwas machen zu können, *breiter Dialekt* dass wos do is, wann i nimmer do bin – da sag ich, bitte, machen Sie was andres, werden Sie Gärtner …

MM: Bäume pflanzen!
MH: Ja, das ist doch wunderbar!

MM: Es gibt von Strehler einen Satz, der sinngemäß heißt, niemand ist so tot wie ein toter Schauspieler, weil wirklich gar nichts bleibt. Macht das nicht auch manchmal Angst?
MH: Im Gegenteil, es befreit, es befreit! Das ist doch ein grauenhafter

Gedanke, dass etwas, wozu ich nicht mehr Stellung nehmen kann, da bleibt. Was man dann als altmodisch ansieht. Warum ist die Duse nach wie vor die Größte von allen? Weil die Fotos von ihr zeitlos sind – und man sie nicht mehr hört. Und bei den Fotos von Sarah Bernhardt sagt man: Na bitte, das geht aber nimmer, gnä' Frau!

Diese Fotos von der Duse habe ich für mich entdeckt, als Achtzehnjähriger, und ein paar Fotos vom Girardi, das ist es. Vom Girardi gibt es außerdem ein paar Tondokumente, da kann aber bestenfalls jemand vom Metier ein bißl was spüren, die Technik ist da im Weg.

Was den Beruf des Schauspielers so beeinflusst und verändert hat, das fing mit dem Film an: Im Film konntest du Leute präsentieren, die auf einer Bühne nicht sichtbar gewesen wären. Das Fernsehen hat dieses Prinzip weiterentwickelt bis zum Gehtnichtmehr, mit Soaps und Sendungen wie *Dancing Stars*. Ich wünsche denen einen Riesenerfolg, aber das ist alles Publikumsköder, der mich nicht interessiert.

MM: Sie waren ja schließlich auf der Bühne sichtbar!

MH: Ja, ich habe einen anderen Anspruch. Ich mag den Wolfgang Rademann übrigens sehr, dieses Berlinische, Toughe.

Ich hab Berlin sehr gern. Wenn Berlin damals [Anfang der sechziger Jahre] anders gewesen wäre, wäre ich mit größter Wahrscheinlichkeit nicht ein Wiener Schauspieler geworden, sondern ein Berliner, weil das so funktioniert hat bei mir; Berlin steigt so auf mich ein. Von den Shows, den Konzerten sind Kritiken erschienen wie über niemanden mehr, seit der Nazizeit. Was ich für mich anstrebe, ging dort auf – Großstadt. Großstadt! Das ist, woran ich mich orientiere. Dort habe ich eingekauft, sozusagen, bei Leuten wie Fritzi Massary und Curt Bois und all diesen Entertainern, die mir noch ein Begriff sind, die mich gesehen und mir Briefe und Widmungen geschrieben haben; die Massary ist ja ab 1933 in der Emigration gewesen, aber Bois beispielsweise hat mir eine Widmung geschrieben, und Heinz Rühmann, denen ich beiden nie begegnet bin; Rühmann hat mir nach einer Show einen Brief geschrieben, wie man ihn nur einmal kriegt … über solche Sachen freu ich mich natürlich!

мм: Sie waren schon als junger Schauspieler in Berlin engagiert, haben 1961 am Theater am Kurfürstendamm bei Erwin Piscator gespielt, 1964 dann bei Boleslaw Barlog am Schlossparktheater und am Schillertheater. Das ging aber nicht weiter?

мн: Nein, durch die politische Situation, die war für einen jungen Menschen so bedrückend, dass man's nicht sagen kann: Durch die Zone zu fahren – ich bin nicht so, dass ich das so ohne weiteres kann. Viele haben das gemacht, und vielleicht bin ich eine b'sondere Zez'n, dass mich das so hergenommen hat, *heftig* andere haben's ja durchgehalten. Ich hab's nicht durchgehalten, und wenn ich mit Barlog darüber gesprochen habe, hat er gesagt: Ach Junge, dann fahr eben nicht mehr rüber.

Nur das war der Grund, nur, nur, nur. Ich habe den Mauerbau erlebt. Ich habe erlebt, dass die Souffleuse nicht mehr kam, weil sie drüben war und nicht herüber durfte. Ich habe erlebt, dass ein Inspizient, ein junger Mann, ganz verzweifelt war, weil er für seinen Vater Medikamente hatte, die es nur in Schweden gab, die hab ich hinübergebracht … Das ist schwer, schwer zu erzählen, und es ist nur individuell zu entscheiden, ob man das dort aushalten kann oder nicht. Ich bin ja dann fast fünfzehn Jahre nicht in Berlin erschienen, erst wieder 1978, als wir mit dem Burgtheater in Ost-Berlin waren.

Aber das Berliner Publikum war einfach Großstadtpublikum. Das kleine Österreich hatte das Glück, nach dem Zerfall des Habsburgerreichs die Metropole zu behalten, rundherum ist Provinz – das ist das Problem Restösterreichs mit Wien; mit der Metropole hat das Umland ein Problem, das hab ich auch in Paris erlebt. In Deutschland hat es kein Problem mit der Metropole gegeben, nach der Teilung, da gab es nur selbsternannte Hauptstädte; Bonn, das ist ja lächerlich. In Berlin habe ich die Metropole gespürt, obwohl die Stadt geteilt war, und es hat mir wirklich wahnsinnig viel bedeutet. Das ist ja nie eine einseitige Beziehung. Ein Schauspieler, der eine Stadt liebt, wo er nicht gut ankommt, ist ja ein Masochist. Ich habe zwei Städte geliebt, das ist Berlin und Wien, und es hätte mir absolut genügt, in diesen zwei Städten mein Leben zuzubringen, wenn die Theaterzeit, die große, noch gewesen wäre.

Nächste Doppelseite links: Troilus und Cressida, *mit Elfriede Irrall; Volkstheater, 1963* rechts: *Don Carlos; Theater in der Josefstadt, 1966*

17

мм: Ihr erstes Engagement in Wien war 1956 am Theater in der Josefstadt.

мн: Meine erste Rolle in der Josefstadt war eine Allerweltsrolle für einen jungen Menschen, die fast jeder, der jetzt im Fernsehen auftritt, als Newcomer, besser bewältigen würde als das mir gelungen ist, zumindest vor der Kamera, vielleicht nicht auf der Bühne. Dieses Stück hieß *Diebelei*. Alltagsware, die man damals spielte, von einem Franzosen. Die Hauptrolle spielte Leopold Rudolf, ich spielte seinen Sohn, es war das Sommerstück noch dazu; Leopold Rudolf spielte einen Antiquitätenhändler mit Stich, also nicht ganz seriös, und der Sohn musste da mittun. Ich hab nichts daran verstanden, an dieser dummen Geschichte, und hatte einen elementaren Misserfolg, so dass der [Hans] Weigel schrieb: Der g'hört sofort wieder weg – es war so, dass kein Hund mehr von mir ein Stück Brot genommen hätte.

Was macht mein sehr sehr gütiger Schöpfer mit mir? Es wurde *Blick von der Brücke* angesetzt, von Arthur Miller, da war ich die zweite Besetzung für den Rodolfo, den jungen Boxer; die erste Besetzung war Klaus Löwitsch. Man hat mir gesagt, dass Löwitsch irgendwann nicht spielen kann, da sollte ich ein, zwei Vorstellungen übernehmen. Der Rodolfo hatte auch ein Lied, da hab ich mir ausgesucht *singt*: *Calypso ay, Calypso ay, Calypso italiano, Calypso si, Calypso si, Calypso siciliano;* das war auf einer von diesen kleinen Schallplatten. – Also ich saß täglich von zehn bis zwei bei den Proben, schaute zu, fand das absolut normal und nicht frustrierend. Und dann, weil die Direktion die Sache hinter sich bringen wollte, sagte man ganz unvermittelt: Spielen Sie die Szene! Das ist die Hauptszene dieser Rolle. Meine Partnerin war die Nicole Heesters. Ich ging auf die Bühne, und wahrscheinlich war so viel Aufgestautes da, dass mir das sehr gut gelang. Die heulten alle, als ich fertig war, und ich war innerlich befreit, von der *Diebelei*. Dann wurde die Probe unterbrochen, und die *ironisch* Verantwortlichen zogen sich zurück. Dann wurde ich gerufen, und man sagte: Sie werden die Rolle spielen. Und in dieser Premiere – ich musste auf der kleinen Bühne der Josefstadt spielen, dass ich in New York bin – habe ich nur einen Laut von mir gegeben, und schon war Applaus; das war der erste Auftrittsapplaus, den ich bekommen habe.

Trotzdem ist es wieder nicht weiter gegangen, ich war deplaciert, in der

Josefstadt. An dem Haus habe ich immer das Gefühl gehabt, da hängt ein Schild über dem Portal: »Bitte nicht stören!« Die konnten nichts mit mir anfangen.

MM: Waren Sie zu Haeussermans Stammtisch eingeladen?
MH: Da wurde man natürlich eingeladen. Als ich schon bemerkt wurde, sagte er zu mir: Wir haben in der *Linde* in der Rotenturmstraße einen Stammtisch und würden uns sehr freuen, wenn Sie kommen. Und ich war überrumpelt, und aus Höflichkeit, wie so oft, hab ich gelogen und gesagt: Ja, gerne, gerne, gerne. Und hab mir gedacht: O Gott, ist ja grauenhaft, da will ich nicht hin. Ein paar Wochen später hat er nachgefragt: Michel, Sie waren noch immer nicht da! Und jetzt war ich schon kräftig genug, die Wahrheit zu sagen. Sag ich: Na, Herr Professor, ich geh lieber nach Hause. Und da sagte er: Naja, das muss man zur Kenntnis nehmen, aber ob Ihnen das sehr nützen wird, das ist fraglich. – Und jetzt, so alt ich bin, sag ich: Es hat ma net g'schad't!
Es kam dann 1962 in der Josefstadt *Wie es euch gefällt*, mit Gästen: Johanna von Koczian als Rosalinde, und Peter Arens sollte den Orlando spielen. Peter Arens aber tanzte zu der Zeit auf vielen Hochzeiten und kam die ganze erste Woche nicht zu den Proben, und in der zweiten wieder nicht, und jetzt konnten die nicht probieren. Und da hatten die drei [Franz Stoß, Ernst Haeusserman und der Regisseur Dietrich Haugk] die Idee, aber das war wirklich nicht nett gemeint: Kommen Sie auf die Probe und schauen Sie sich den Text an. Ich kam, der hinreißende Leopold Rudolf, der nicht mitspielte, aber der echte Geist des Hauses war, schaute auf den Proben zu und sagte einmal in einer Pause zu mir: Ja, aber des wird was! Da sagte ich zu ihm: Herr Rudolf, das hab ich ja gern – ich meinte: die Literatur hab ich gern, nicht den Schund. Und jetzt sagte er einen Satz, den ich nie vergessen werde, mein ganzes Leben: Aber glauben Sie mir, es ist leichter, von oben herunter zu spielen als von unten hinauf. Das ist einer der goldensten Sätze! Den kriegt man, wenn man Glück hat, wenn die Situation sich ergibt, wenn man würdig ist für den Satz – sonst kommt der ja auch nicht auf die Idee, einem Menufel diesen Satz zu sagen.

MM: Und Sie haben dann auch gespielt statt dem Arens?

MH: Das war gar nicht mehr anders möglich, ich war der Knüller der Sache. So messbar, so wunderbar messbar ist der Beruf, wenn er auf der Bühne stattfindet. Aber ab dem Moment, wo es darum ging, dass einer der Shooting Star ist, war das Metier inflationär geworden. Es ist ganz klar, es ist inflationär geworden. Ich richte mich danach, indem ich sage: Nicht was man macht, ist inflationär, nur wie man es macht. Dass ich mein Herz, wirklich mein Herz, meine Intensität, so an die Unterhaltung hänge, seit ein paar Jahren, neben den Lesungen, das hat damit zu tun. Das Genre ist nicht miserabel, es ist miserabel, wie man damit umgeht. – Ich wurde jetzt angerufen wegen eines Interviews zum 125. Geburtstag von Fritzi Massary. Ich habe der Massary einmal eine CD gewidmet, weil: Wenn du das einmal gehört hast, ist ein unverrückbarer Maßstab gesetzt. Ich sage immer, ich glaub an den Stafettenlauf! So einfach ist es.

MH wechselt das Thema

Sie haben mich letztens nach Rollen gefragt, die für mich zentral waren. Ich habe darüber nachgedacht und bin auf etwas gekommen: Es geht doch in einer Rolle etwas auf, was viele Rollen vorher begonnen hat. Das ist eine Entwicklung. Es wäre geplant gewesen, dass Strehler mit mir den *Lear* macht, was wegen Strehlers Tod nicht mehr zustande kam. Strehler hat ein ganzes Programm für mich gehabt, er wollte *Galilei* von Brecht mit mir machen, er wollte *Edward II.* von Marlowe machen, und er wollte den *Lear* machen. Da hatte ich jetzt ein paar Jahre Zeit, darüber nachzudenken, und dabei ist für mich ganz klar geworden: Ich habe das, worum es im *Lear* geht, ja alles schon gespielt!

MM: Sie meinen, weil in Troilus und Hamlet schon alles angelegt ist, was im Lear kulminiert?

MH: Eben, und das ist wirklich wahr, und ich spreche jetzt als Zuschauer: Der Betrug am Troilus geht mir doch viel näher! Ein Betrug an einem jungen Menschen!

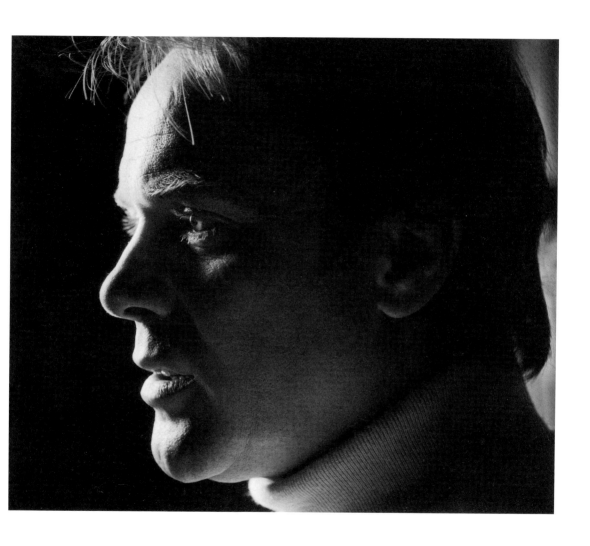

MM: Trotzdem, wenn ein Schauspieler diesen Bogen nicht in der Praxis vollendet …

MH: Kann ihn ja nicht vollenden …

MM: Wenn Sie den Lear gespielt hätten, wären Sie den ganzen Weg auf der Bühne gegangen, und so sind Sie ihn nur im Kopf gegangen!

MH: Ja. Ich bin ihn bei Shakespeare nicht gegangen, aber ich habe den Cotrone gespielt in *Riesen vom Berge*, das ist eine Altersrolle, steht in so einem Zwischenreich zwischen Hier und wo wir nicht wissen, wo's hingeht – das fand ich wieder so eine glückliche Fügung. Und den Pirandello-Heinrich gespielt zu haben – also, mir fehlt da nichts.
Es ist nett, so lange ich lebe und die Leute mich gehen sehen, dass ihnen was fehlt; das ist was sehr Nettes. Weil, an Schauspielern, die nicht genug kriegen, ist ja wirklich kein Mangel.

MM: Sie haben gesagt, wenn man sich so gut versteht, wie Sie sich zum Beispiel mit George Tabori verstanden haben, dann braucht man das Stück nicht mehr zu machen; es ist der Idealfall da, wenn man darüber spricht, wenn die Visionen da sind. Aber ist das nicht auch egoistisch gedacht? Wir hätten Sie gern gesehen als Timon von Athen!

MH: *wühlt schweigend im Erdäpfelsalat*

MM: Oder als Edward II. von Marlowe. Da weint man ja seine Leintücher nass!

MH: *zögernd, leise* Ja, aber es sagen mir jetzt so viele Leute, junges Publikum: Mein Gott, hätten wir Sie gern als Hamlet gesehen! Sie verstehen?

MM: Sie meinen, man kann sowieso immer nur eine bestimmte Generation bedienen?

MH: Das ist ja bei mir alles unglaublich. *laut und fest* Was ich Ihnen immer sag: Ich habe einfach allen Grund, zufrieden zu sein, äußerst dankbar zu sein, und großzügig zu sein, dass die Rollen jetzt jemand anders spielt.

мм: Dass man nicht neidisch ist auf Kollegen?

мн: Das ist ja furchtbar, furchtbar. Ich hab mich als junger Mensch nicht umgedreht, und als alter schon gar net. I dreh mi net um auf der Gass'n. Ich schau überhaupt nicht zurück, vor allem nicht auf mich, auf mich nicht.

мм: Aber Sie schauen sich manchmal Aufzeichnungen von Ihren Sachen an?

мн: Nein.

мм: Sie archivieren das nur.

мн: Es wird archiviert. Es wird …
Das Entscheidende ist doch die Ausstrahlung, aber die hat man ja nicht für sich, sondern für die anderen! Ich glaube nicht an das Spiegelbild, für mich braucht's kan Spiegel geben, absolut nicht, weil, was seh ich da? Das, was ich da seh, kann keinen Erfolg haben, aber es muss wohl etwas anderes sein, etwas, das ich nicht sehe, nicht mitkriege – mich. Ich kriege mit, dass ich ein ziemlich gutes Hirn hab, ziemlich gute Augen, ziemlich gute Ohren – das krieg ich mit. Aber wie ich wirke? Blödsinn!

мм: Das kriegen Sie durch das Publikum zurück!

мн: Ich krieg durchs Publikum eine Reaktion, aber dann weiß ich ja wieder net …

мм: Das ist ja auch eine Form von Spiegelung. Wenn tausend Leute unten sitzen, da kommt doch was!

мн: Da kommt, dass man sich verständigt. Nur wenn man sich verständlich macht, wenn man verstanden wird, hat man einen Erfolg. Das andere ist Striptease oder was.

мм: *ironisch* Da macht man sich auch auf einer gewissen Ebene verständlich.

мн: Für die gewissen Bedürfnisse. Nein: Im Theater muss man sich spontan verständlich machen können, etwas sagen und *klatscht* das muss in den

REISNERSTRASSE 21
A 1030 WIEN

28.10.1988

Mein lieber Michel.
Zu denen gehörst auch Du!

Sei umarmt. Dein

Hans

Es ist ein Leben schön und
glücklich nur,
wenn es sich schwingt an
Gott u. die Natur!

Ludwig Anzengruber
Wien, 7/12. 96.

Wahre allein, kan nicht schön sein –
Wahr und schön, ist
mehrfach schön.

Hammerfeld
Wien 30 Dez
1899

JOSEF KAINZ

BERLIN N-W.
ALSENSTRASSE 3a.

Ernesto Rossi

ersten drei Minuten hinhauen – nein, mit'm Auftritt, mit'm Auftritt, bevor s' Maul aufgeht.

MM: Was machen Sie denn vor dem Auftritt?
MH: Ich sitz da, versuch mich zu konzentrieren.

MM: Denken Sie dann bei einer Show zum Beispiel ans erste Lied?
MH: Ganz unterschiedlich … sehr technisch denk ich, sehr technisch; dass etwas bei einer Probe zu langsam war, beispielsweise. Und, ja, richtig: Ich denk sehr oft an Menschen, die mir etwas bedeutet haben. Ich denk an die Urgroßeltern, ich denk an meine vielen toten Freunde und Freundinnen, an die denk ich.

MM: Wer führt die Gespensterparade an?
MH: Ich treffe mich immer mit denen, von denen ich weiß, dass sie diese selbe *lange Pause* exklusive Einsamkeit kannten, die ich kenne, bevor ich auftrete. Da ist man ganz allein. Das ist notwendig, da gibt's nix anderes. Und so komm ich auf die Bühne. Und drum ist das schon das Entscheidende, finde ich. Alles andere entwickelt sich. Nicht glauben, weil etwas einmal sehr gut war – nein, es ist woanders! Nimm dir nicht die Möglichkeit, sagt man sich bei der Arbeit, sei frei, entdeck doch was Neues! Diese Lieder – ich hab den Franz, glaub ich, sieben Jahre nicht gesungen, vielleicht das Lied, auf das die Leute am meisten warten, weil ich gedacht habe, um Gottes willen, ich liefere da etwas ab, und es g'schieht nix. *Pause* Ich meine, dass alles zu einem kommt, was zu einem kommen soll. Mir hat das die Wessely gesagt: Es kommt. Du kannst nicht hingehen und es fordern. Du kannst schon, aber es wird nicht klappen.

MM: Aber da gehört doch nach meiner Einschätzung noch ein Faktor dazu: Der Zufall begünstigt nur den vorbereiteten Geist, nicht?
MH: Genau! Ja, das ist es, da sind wir vollkommen d'accord.

мм: Wie kann man bereit sein?

мн: Indem du jeden Tag, im Wachen und Träumen, reell bist, kein Spekulant; die Spekulation kann beim Geschäft aufgehen, in menschlichen Belangen geht sie nicht auf, da gibt es eine wunderbare Gerechtigkeit, und natürlich hat mein Beruf vor allem damit zu tun.

Ich habe von Helene Thimig viel gehört über die Bergner [Elisabeth Bergner]. Und wir spielen am Burgtheater den *Schwierigen*, und es gibt ein Hofmannsthal-Symposion, und wir spielen eine Vorstellung für die Teilnehmer an dem Symposion, und ich komm nachher beim Bühnentürl heraus, steht dort der Hans Mayer und sagt: Ich liebe das Stück so! – Und der hat noch den Waldau gesehen! [Gustav Waldau war der Kari Bühl der Uraufführung, Elisabeth Bergner die Helene Altenwyl.] Und am andern Tag kommt ein Bote zu uns nach Hause, mit einem Brief aus dem Sacher: Ich habe den Waldau vergessen, Ihre Elisabeth Bergner. – Ich habe den Waldau vergessen! Ich rief sie an, wir haben uns gesehen, dann haben wir viele Ferien zusammen verbracht, sie war oft hier in Wien im Haus … und so saß sie bei mir vor dem Fernseher und hat meine erste Show in Baden gesehen; und sagte den Satz: Michi! Wenn ich das könnte, würde ich nur das machen. – Das war mir so wichtig, dass das jemand sagt, der wie ich auch in der Literatur zu Hause war. Von denen wollt' ich's hören! Ich wollte nicht von den Nichtkönnern und Neidigen hören, dass man so etwas nicht macht.

Am Tag nach der Fernseh-Ausstrahlung war die erste Probe für *Richard II.*, den ich spielte. Norbert Kappen sollte den Bolingbroke spielen, Gerhard Klingenberg hat inszeniert – und da wurde die Probe unterbrochen, Paul Hoffmann kam herein, und Paul Hoffmann hat gesagt: Michel, ich weiß, wovon ich spreche … Er kannte alle, in den zwanziger Jahren in Berlin, und er hat mir gesagt, es ist Weltklasse.

Also, von denen kam's. Und andere haben sich vorher unnötig ihr Köpfchen zerbrochen, ob man das machen darf oder nicht, wenn man den Hamlet gespielt hat. Die Kleingeister, die das Ghetto, die Umzäunung brauchen, die die Reviere brauchen, wo man was darf und was nicht darf. Und ich hab immer gesagt: Nur langweilen darf man nicht, alles andere darf man, egal, ob es mir persönlich gefällt oder nicht.

28

Als die Bergner meine Show gesehen hat, habe ich ihr erzählt, dass mir die Massary so viel bedeutet, und da hat sie mir das geschenkt [MH nimmt seine Halskette herunter und zeigt ein kleines, dünnes Goldmedaillon, das eine Widmung von Fritzi Massary an Elisabeth Bergner trägt: *Good luck, love, Fritzi. Berlin 1959*] – ist doch bezaubernd, nicht? So ist es, und so ist mein ganzes Leben. Da kann i do net sagn, *breiter Dialekt* schad, dass i des net g'spült hab. *schimpft* Schrecklich, als ich zwanzig war, diese alten Fregatten, die den Beruf nicht lassen können, die sagen: I hab das Theater so gern. Ja. Aber das Theater hat sie nicht so gern. Dieser Beruf ist doch keine Krücke, das ist ein Hochleistungsberuf, wo du unerhörte Kondition brauchst, ein hellwaches Hirn, frische Gefühle, frische!

Nicht verschleißen, das ist die Aufgabe! So viele Leute in unserem Beruf verschleißen, und zwar nicht nur durch den Druck, der von außen auf sie kommt, sondern durch Leichtfertigkeit, die nicht notwendig ist. Weil sie Sachen nur deshalb machen, *aufbrausend* »weil i's no net g'macht hab«. Und wenn man von mir sagt: Der konnte sich's leisten! Wieso konnt' ich's mir leisten, und die anderen Huren nicht? Wieso kann sich's der Heltau leisten? Ich hab meinen Eltern gesagt: Wenn ich bis fünfundzwanzig nicht absehe, wie sich das mit dem Theater entwickelt, dann werde ich wahrscheinlich doch Lehrer. Mit dir selbst musst du im Einklang sein. Aber wenn du glaubst, du musst dich dort auf der Bühne sehen – das ist die falscheste Einstellung. Aber die haben viele Menschen in diesem Metier – ich nenn's jetzt das Metier: Die gehen in das Metier, weil sie so a schönes Mäderl war, und weil er so a fescher Bua war, und so lustig – das ist doch grauenhaft! Lauter Pseudo-Kabarettisten!

MM: Warum sind Sie ins Metier gegangen?
MH: Weil ich die Literatur geliebt habe.
Wirklich dazu gekommen bin ich, weil eine Schulkollegin aus Ingolstadt, die später Lehrerin geworden ist, vorsprechen wollte, an den Kammerspielen in München, an der Falckenbergschule; die brauchte einen Stichwortgeber. Sie wollte die Medea vorsprechen und hat mich mitgenommen als Jason, und sie machte ein furchtbares Theater – sie brüllte. Viele junge

Leute glauben, man muss sehr laut sein, akustisch etwas herstellen, was innerlich nicht da ist; das hab ich damals nicht gewusst. Ich hab mich ein bißl geniert. Und dann war sie fertig, und dann sagte eine Dame unten zu mir: Was wollen Sie machen? Und ich hab gesagt: Ich bin nur mitgekommen. Und da sagte ein Herr: Warten Sie dann nachher. Und ich wartete, und es kam der Dramaturg Glock mit der Frau Koppenhöfer, der großen Maria Koppenhöfer, einer der größten Schauspielerinnen des deutschen Theaters im letzten Jahrhundert; die kamen heraus und fragten mich: Ist das ein reiner Zufall? Sie haben das so nett gemacht! – Ja, ja, Zufall … – Aber das macht Ihnen doch Freude, könnten Sie nicht etwas … – Nein, nein, nur Gedichte. – Wir gingen zurück in ein Zimmer, sie haben mir den *Taucher* gegeben und den *Zauberlehrling*, die kannte ich in- und auswendig, das hätte ich ohne Text vortragen können. Und danach hat sie gesagt: Jetzt bereiten Sie doch irgendeinen Text aus einem Stück vor, ich will Ihnen nichts vorschlagen; sie gab mir ihre Adresse, Wiener Straße, gleich beim Prinzregententheater, und ich solle mich melden. Es war das Maturajahr.

Ich hab das der Mutter erzählt, und die Mutter hat sehr nett mit mir geredet: Du siehst ja, wie schwer das ist, und wie traurig deine Kollegin jetzt ist … Aber es ließ mich doch nicht ruhen. Und ich fuhr – damals fuhr man immer per Anhalter mit den Amerikanern, die waren sehr freundlich, die haben so einen Buam immer mitgenommen – wieder nach München, Wiener Straße. Eine Wirtschafterin machte auf: Die gnädige Frau ruht. – Sie hatte Krebs, sie war bald darauf tot.

мм: Was haben Sie vorgesprochen?

мн: Ich habe vorgesprochen: In der *Süddeutschen Zeitung*, die damals nur aus vier Blättern bestand, war immer ein neuer literarischer Text abgedruckt, da hatte ich *Die Klage des Gärtners* von Giraudoux gefunden, das ist der Zwischenakt aus *Electre*. Das hatte ich auswendig gelernt. Und Maria Koppenhöfer hat einen Brief an meine Eltern geschrieben: Bei allem Für und Wider, ein so junger Mensch, und welche Verantwortung in einer schweren Zeit wie jetzt, aber sie sei so angerührt, sie finde, »es wäre eine Pflicht, dass ich diesen Weg gehen müsse«.

Bild rechts: Der junge Goethe, *mit Helene Thimig und Johanna Matz; Akademietheater und Welttournee, 1967*

30

Daraufhin haben der Vater und die Mutter gemeint: Naja … Und ich habe gesagt: Was ist, wenn sie sich täuscht? Da müsste ich's noch woanders probieren.

Und jetzt kommt Frau Waldmann ins Spiel, am Attersee. [Rosel Waldmann, Taxiunternehmergattin in Seewalchen, war als erste auf das Talent des Kindes aufmerksam geworden.] Die Matura war vorbei, es war Herbst 1951, ich habe der Frau Waldmann geschrieben. Sie hat sich sofort gemeldet, mit einer Korrespondenzkarte, ich soll an den Attersee kommen, über das Bacherl in Bayrisch-Gmain, da brauche ich keinen Pass; ich hatte ja keinen. Und ich soll so kommen, dass man weiterfahren kann, zur Aufnahmeprüfung nach Wien.

Ich habe mir verschiedenes an Rollen ausgedacht: Don Carlos, die Kerkerszene, wieder meinen *Gärtner*, der mir so ein Glück gebracht hatte, Orest aus der *Iphigenie*, und, auch aus der *Süddeutschen*, O'Neill *Ah, Wilderness!*, als moderne Rolle, den jungen, pubertierenden Richard.

Frau Waldmann war eine mutige Frau. Wir fuhren mit dem Zug nach Wien, sie hatte für mich die Identitätskarte von einem Bauernbuben organisiert, der mir so nicht ähnlich sah, dass man's gar nicht beschreiben kann. Sie hat mir sofort, als wir über die Demarkationslinie an der Enns fuhren, einen Schal um den Kopf gebunden, und ich habe Zahnweh gespielt; so kamen wir hierher.

Ich wurde aufgenommen, war der erste ausländische Student, der ein Stipendium bekommen hat. Von zu Hause hatte ich überhaupt kein Geld, es war nichts da, der Vater war erst 1947 aus Stalingrad gekommen. Meine Eltern mussten mir nicht sagen, dass sie mir nichts geben können, das hab ich selbst gesehen; ärmer geht es nicht. Ich war ohne Identitätskarte, das einzige, was ich hatte, war dann der Studienausweis. Ich habe draußen in Speising in der Anton Langer Gasse gewohnt; ich hatte keine Straßenbahnkarte, ich bin jeden Tag eine dreiviertel Stunde zu Fuß ins Reinhardt-Seminar gegangen und habe mich gefreut, dass das letzte Stück durch Schönbrunn war.

Frau Waldmann hat mich bei einer alten Operettensängerin einquartiert, in einen nicht ausgebauten Dachboden haben sie eine alte Matratze hingelegt, das war's. Dort habe ich das erste Jahr verbracht. Kein Fenster. Ich durfte einmal in der Woche das Bad benutzen, aber Gott sei Dank hat es im Reinhardt-Seminar eine Dusche gegeben, und nachdem wir jeden Tag in der Früh um acht Turnen hatten, oder Fechten bei Ellen Müller-Preis, konnte ich mich immer waschen und hab nie gestunken; weil: So bin ich auch erzogen.

Aber ich finde das alles ein Glück, ich find's ein Glück! Der Michel Heltau hat das Glück begriffen, hat begriffen, dass er keine Flausen haben durfte! *mit starker Steigerung* Schön ist das, was du machst, die Sache, mit der du dich umgibst – du selbst sei pur, pur, pur, mönchisch! Das gefällt mir: Entertaining als Mönch! Ja, und alle die sind die wahren Entertainer.

Der Barlog hat das einmal gesagt, nachdem er mich gesehen hatte, mit einer Show. Da hat er zu seiner Frau gesagt: Der ist noch immer so keusch! – Das hat mich so getroffen! Der hat was verstanden. Und ich glaube, wenn ich diese Entertainerei mache – das unterscheidet mich von vielen!

Pause, MH wechselt das Thema

Es ist etwas so Merkwürdiges, ich lese immer wieder Sachen, da lese ich natürlich auch Stücke, die ich gespielt hab, vor allem, wenn's die Klassiker sind. Shakespeare …

MM: Das lesen Sie immer wieder?
MH: Ja, das geht ja gar nicht anders.

MM: In neuen Übersetzungen auch, oder in denen, die Sie kennen?
MH: Immer wieder in neuen auch, aber ich hab ja schon so viele verschiedene gespielt. Allerdings hatte ich das Glück, immer Übersetzungen zu spielen, die versucht haben, die Form zu wahren. Ich kann doch der Sache nicht mit einer Allerweltssprache gerecht werden. Da geht ja für mich das Entscheidendste der Stücke verloren. Durch die Distanz, die auf diese Weise entsteht, siehst du erst das Ewige daran. In dem Moment, wo die so reden wie wir, wird es uninteressant.

MM: Aber das Shakespeare-Theater hatte doch diese große Direktheit.

MH: Ja, diese Direktheit hat es schon, aber es ist zugleich die große Form, die königliche Ansprache. Ich will nicht Schlegel-Tieck das Wort reden, das Derbe, Populäre haben die unterschlagen. Aber genau das ist bei Shakespeare auf poetische Art verfremdet – ähnlich wie im alten Wiener Dialekt, den ich hier noch kennen gelernt habe, beispielsweise durch die Mutter der Käthe Gold, oder die Elisabeth Bergner. Von den »Spompernadln« angefangen, oder »Micherl, des machst, und wenn's Knödel an Gulden kost'«. Auch in der Sprache meiner Urgroßeltern habe ich das kennen gelernt; mein Urgroßvater wurde 1867 geboren.

Ich bejammere, dass ein Wortschatz verschwunden ist, purer Reichtum! Jetzt wird alles Schmalspur – und damit wollen fast alle diese Shakespeare-Übersetzungen punkten, und du siehst ja auch, wie's danebengeht.

Das sind die Sachwalter auf der einen Seite. Und dieselben Kritiker, wirklich dieselben, die es vor zehn, fünfzehn Jahren begrüßt haben, dass die Boss-Anzüge, die Straßenanzüge die Uniform für alle Stücke waren, schreiben jetzt: Schon wieder diese hässlichen Anzüge – dieselben!

MM: Inzwischen hat man sich daran satt gesehen.

MH: Aber das kann doch nicht das Kriterium eines Kritikers sein, Entschuldigung! Dass er sich satt sieht, so wie ein blödes Kind, das sich überfrisst.

MM: Das ist aber ein Problem bei Kritikern, dass sie so viel sehen …

MH: Also für den Polgar war es kein Problem, und für den Torberg nicht, und für den Joachim Kaiser auch nicht.

MM: Und ich glaube schon, dass diese Phase der zeitgemäßen Kleidung notwendig war und etwas gebracht hat.

MH: Aber doch nicht den Dichtern! – Es ist gegen die Stücke. Bei *Kabale und Liebe*: Wie schaffe ich das, dass ein Mädchen ohnmächtig wird, weil der Vater sie eine Metze schimpft? Und die ist in Jeans, mit an freien Nabel …

35

MM: Deswegen kann sie doch eine genauso empfindsame Person sein!

MH: Aber es wird ihr etwas weggenommen! Der optische Eindruck erzählt von der Person etwas anderes, dieses Mädel in Jeans bewegt sich anders …

MM: Natürlich, aber es geht ja auch nicht darum, die Gefühle zu Schillers Zeiten vorzuführen, sondern um …

MH: … die ewigen!

MM: Ja, die ewigen Gefühle. Und wenn die Jeans anhat, signalisiere ich das.

MH: Für mich sind das – ein Bühnenbildner, ein Regisseur – zwei ungebildete, phantasielose Menschen, die sich nicht auf die Schwierigkeit einlassen. Auf der ganzen Welt gibt's Leute, die das können, nur im deutschsprachigen Theater haben wir diese Leute nicht. Herr Strehler hat sich bemüht, Herr Brook hat sich bemüht, Frau Mnouchkine hat sich bemüht. Schiller ist nicht wie auf der Gassen!

MM: Nein, Kunst ist nie wie auf der Gassen!

MH: Eben! Aber warum zieht sie dann dasselbe an wie auf der Gassen? Das hat eine Form, Theater ist zuerst eine Form, eine Form, die großen Dichtungen haben eine Form, das ist wie in der Musik.

MM: Als Jean-Pierre Ponnelle in der zweiten Hälfte der siebziger Jahre den legendären Monteverdi-Zyklus in Zürich gemacht hat, gab es einen Moment, wo er daran gedacht hat, alle Sänger in Jeans auftreten zu lassen; weil er nämlich bemerkt hat, dass durch die Kostüme die Unmittelbarkeit der Gefühle plötzlich weg war.

MH: Aber warum hat er es dann nicht gemacht, das interessiert mich!

MM: Das können wir ihn nicht mehr fragen.

MH: Ich habe mit Ponnelle 1973 am Akademietheater gearbeitet, *Man spielt nicht mit der Liebe* von Musset. Ponnelle wusste, dass ein Kostüm für einen Schauspieler, auch für einen Sänger, selbstverständlich eine Hilfe ist. Ein Kostüm kann ein Schutz für eine Figur sein, und *aufbrausend* Sie können mir doch nicht einreden … ich finde es ein Verbrechen, diese Menschen so bloßzustellen, wie es gerade auch in Operninszenierungen jetzt so oft geschieht! Wie kann man Menschen so decouvrieren, wie kann man ihnen die Fabel, die Hilfe der Fabel wegnehmen! Das ist ein unerhörtes Angebot, das der Schauspieler unterbreitet!

Jede Hinterfragung – dieses scheußliche Wort – jede Dekonstruktion, jedes meinetwegen Zerlegen eines Stückes bringt Verluste. Aber der Gewinn muss in einer Relation dazu stehen – sprich: Vision! Und jetzt hab ich's: Das ist doch keine Vision, die Jeans, die in Amerika von einem Genie erfunden wurden – Monika, das sind Fledderer!

In dem Buch, das wir jetzt machen, muss die Leidenschaft spürbar sein, dazu habe ich ein bißl auch die Verpflichtung: dass ich die Menschen begriffen habe, denen ich begegnet bin, dass ich sie verstanden habe, über eine lange Zeit, sonst hätten sie ja aufgehört, mit mir zu reden; und dass das aufgehört hat, liegt daran, dass sie starben.

Einmal habe ich im Fernsehen das Theatertreffen in Berlin angeschaut, bei Strehler in Mailand, als er den *Sturm* probierte, auf seinem kleinen Fernseher, und er sagte: »Aber warum so hässlich?« – *in neuerlicher Erregung* Das lass ich mir im Zuschauerraum nicht bieten, und eine meiner Maximen ist: Das biete ich dem Zuschauer nicht an! Ich bin ein Dienstleistungsbetrieb! Und die Prätention von manchen Theaterleuten, vor allen Dingen von den Theoretikern des Theaters, die das Theater als Erziehungsanstalt ansehen … denen möchte ich sagen: Geben Sie's ein bißl kleiner! Stellen Sie Ihren Anspruch nicht höher als Ihre Möglichkeiten! Lächerlich, einfach lächerlich! Theater entsteht durch wirkliche Leidenschaft, nicht durch Prätentionen. Der Blick auf die Sache wird von so vielen impotenten Theoretikern verstellt, von einem Heer von Dramaturgen. Es wird der Blick verstellt, und auch die Aufgabe, das Ziel. Und was bewirkt man? *akzentuiert* Selbst-ver-ständ-lich muss klar sein, dass das jetzt stattfindet – ich könnte doch gar nicht spielen wie vor fünfzig Jahren!

mm: Eben, es hat sich doch sehr vieles verändert …

mh: … und wir verändern uns sehr, sehr schnell. Aber, aber: Wenn ich im Lauf dieser Veränderung alles über Bord werfe, dann bin ich ein Trottel. Ich reise mit Gepäck, mit sehr viel Gepäck, und ich weiß, wo die Grenzen sind und was nimmer geht. Das hat alles seine Zeit, aber da brauch ich nichts dazu tun, die Veränderung macht die Zeit, nicht ich.

mm: Gibt es nicht auch ein Recht, es immer wieder auf eine andere Weise zu versuchen, oder sogar eine Verpflichtung?

mh: Ja, aber anders ist ja noch net gut! Mich interessiert nur das Resultat.

mm: Aber von vornherein ein gutes Resultat anzustreben, wäre ja reine Spekulation.

mh: Nein, nein. Wenn du als Regisseur vom Talent her kompetent bist – und Talent heißt Hirn, Wissen, alles das – ist mir ein Misserfolg, der auf diesem Weg zustande kommt, immer noch lieber, viel lieber. Ich finde dieses Nicht-Wissen so grauenhaft. Anders, neu – nichts Neues unter der Sonne! Regisseure, die Erfolg haben, weil sie auf einmal die Macht des Schauspielers wieder entdecken …

mm: Ich verstehe, dass Sie diese Umwege nicht mitmachen, aber so lange man Theater macht, wird man Umwege und Holzwege, all das gehen …

mh: Nein, Moment, dass wir uns jetzt verstehen: Die sind notwendig, aber selbstverständlich! Nur: Wenn wir jetzt über die Forschung und Wissenschaft reden würden, dann hätten wir's viel leichter. Weil da wird vorausgesetzt, dass die Befugnis, die Kompetenz da sein muss, sonst arbeitet der nicht in Harvard. Aber in unserem Metier, und das ist ja das Verführerische des Theaters, da glaubt ja jeder … Nur aus Koketterie haben mir Menschen gesagt: Das könnt' ich nicht. Und die mir's aus Koketterie gesagt haben, die würden's am liebsten tun!

mm: Das ist so wie beim Schreiben: Das kann jeder! *lacht*

mh: Da haben Sie's! Ich habe nicht das Problem, dass ich einen schöpferischen Beruf habe; ich kann mich von allem inspirieren lassen, das ist der Beruf des Schauspielers: Ich muss nicht was schreiben, ich muss nicht was malen, aber ich kann von den Malern, den Schreibern, den Musikern inspiriert werden, das ist das Schöne!

MM: Sie sagen, Sie haben keinen schöpferischen Beruf?
MH: Nachschöpferisch. Es ist verführerisch, wenn einem manchmal etwas gelingt. Da krieg ich auf einmal wunderbar Luft, aber dann ist's schon wieder weg. Bei einer wirklich schöpferischen Arbeit muss das da sein, dann. Meines ist weg. Das ist eines der Kriterien!

MM: Sie meinen, von einer schöpferischen Tätigkeit muss etwas bleiben?
MH: Na selbstverständlich. Kontrollierbar, geschrieben, gemalt, komponiert. Und was das Theater angeht: Das Angebot ist ja freibleibend! Du musst es ja nicht tun. Wo du nicht lieben kannst, da geh vorüber.

MM: Wenn ich mir Ihre Kritik so anhöre, dann klingt das, als wären alle, die heute Theater machen, Dilettanten, Ignoranten, inkompetente Schnösel …
MH: *leise und in vollem Ernst* Nicht alle, es sind nie alle …

MM: *lacht*
MH: Ich habe nur kaum etwas Überzeugendes gesehen. Allerdings – das ist natürlich ein Stück, mit dem ich vorher nichts anfangen konnte – mir hat der *Ottokar* in der Inszenierung von Martin Kušej großen Eindruck gemacht. Ich konnte ganz genau mitkriegen, was er vorhat, es hat mich nicht gelangweilt – wieder mein Kriterium. Nein, wissen Sie, meine Verführbarkeit als Zuschauer, also, da müssen S' jemand finden, der noch weiter mitgeht! Aber das Kriterium ist: Ich muss mittun, ich muss mittun!

MM: Was ist die Voraussetzung dafür?
MH: Dass mich die Menschen interessieren, die auf der Bühne sind, nicht nur, was sie sagen, sondern a priori die Leute, bevor sie anfangen! Persönlichkeiten, es müssen Persönlichkeiten sein! Als Zuschauer hat man Floh-

markt-Erwartungen: Das ist ein netter Knopf! – Was machst du damit? – Das weiß ich nicht, aber ich nehm ihn. – So geh ich ins Theater, so geh ich ins Theater, so geh ich ins Theater …

MM: Aber Sie sind ja kein durchschnittlicher Theaterbesucher.

MH: Oja, ich bin der durchschnittlichste Zuschauer, den Sie sich vorstellen können. Ich denke nicht darüber nach, ob ich ein Schauspieler bin, weil ich so viel mittu. Und genau das verlange ich von einer Vorstellung: dass sie meine besten Möglichkeiten weckt, dass meine Phantasie angesprochen wird, dass ich komplettiere! Jetzt bin ich wieder bei dem ewigen Geheimnis: Wenn die Menschen auf der Bühne kein Geheimnis haben, interessieren s' mi net.

Wenn ich *Die Möwe* von Čechov seh, was eine wunderschöne Aufführung von Luc Bondy war, ganz konventionell, wenn Sie wollen … Meine erste Vorstellung der *Möwe* war, als ich am Seminar war, von Berthold Viertel, mit Käthe Gold, Maria Eis, Curd Jürgens – unvergesslich! Ich sah dann noch ein paar Aufführungen, das war nix, und dann gelingt dem Herrn Bondy die *Möwe*! Und da war ein junger Schauspieler, der Herr Diehl, der hat's g'habt! Es ist so einfach! – Ich bin einfacher als Sie, ich bin einfacher als alle Menschen, die hier im Kaffeehaus sitzen, ich bin der Allereinfachste, ich bin ein Kind. Ich bin ein Kind, dem man das Wunderbare dieses Spiels nicht kaputt machen soll, dem man die Puppe nicht zerlegen soll, wenn man sie dann nimmer zusammensetzen kann. So wie das Henderl vom Herrn Seligman, das auf dem Tisch hupft. Wenn man das zerlegt, hat man nur die Federn … – Es gibt das eine Kind und das andere. Ich will nicht wissen, was da drinnen ist. Ich freu mich, dass das Henderl hupft.

So einfach. Ich bin kein Dummkopf, aber das, was ich an Intelligenz habe, ist meinem Vergnügen nicht im Wege gestanden.

Gespräch am 23. März 2007 im Café Frauenhuber, mit Ergänzungen
aus Gesprächen am 15. Februar 2007 und am 17. Januar 2008

2 Man muss für jede Zeit die Chiffren finden

In diesem Gespräch geht es neuerlich um die »zeitgemäße« Art der Auseinandersetzung mit großen Theatertexten, auch im Zusammenhang mit dem aktuellen Shakespeare-Zyklus am Burgtheater, wo soeben *Maß für Maß* Premiere hatte. MH verweist darauf, dass die Schauspieler dem Regisseur früher etwas angeboten hätten, und dass die Regisseure mit den Angeboten der Schauspieler gearbeitet hätten. Ausgangspunkt der Unterhaltung ist Berthold Viertel, den MH selbst zwar als Regisseur nicht mehr erlebt hat; er konnte aber noch einige seiner Inszenierungen sehen und hat durch Käthe Gold, die Viertels Star war, viel über ihn erfahren. Viertel kam von der Literatur und war – horribile dictu – Dramaturg; eine Spezies, der MH grundsätzlich mit Misstrauen begegnet. Wie kamen seine grandiosen Aufführungen zustande?

Bild links oben: *Mit Leopold Rudolf auf dem Grünmarkt in Salzburg* links unten: *Die gute Seite der Josefstadt* (v.r.n.l.): *Ernst Waldbrunn, Leopold Rudolf, Vilma Degischer, Paula Wessely und MH anlässlich der Feier zum sechzigsten Geburtstag von Friedrich Torberg, 1968*

MH: Ich habe diese Art des Arbeitens selbst auch ein paar Mal erlebt, aber nie mit einem Regisseur, der so nicht das Klischee des Regisseurs erfüllt hat wie Berthold Viertel. In seinen so genannten Regiebesprechungen hat er von dem Eindruck erzählt, den er bis jetzt von einer Szene oder einem Akt hatte, und hat gesagt, was ihm fehlte, hat den Eindruck beschrieben, den er haben möchte. Ich verstehe sehr gut, dass das für die Schauspieler enorm inspirierend war, weil er das so gut konnte. Er war natürlich ein Dichter. Und er konnte dem Schauspieler unerhörtes Futter für die Phantasie geben. So kamen diese Vorstellungen zustande. Ich habe das Glück gehabt, ein paar noch zu sehen. Eine nach Ansicht der Kritik katastrophal misslungene war *Antonius und Cleopatra*; ich war damals noch am Seminar. Natürlich, ein großes Stück das erste Mal sehen, mit diesen Leuten, Ewald Balser und Werner Krauss und Käthe Gold, auch mit dem Anspruch, wahrscheinlich, eines Kundigen, der eine konkrete Erwartung hat an das Stück – das war ein unerhört starker Eindruck. Ich hab damals kein Geld gehabt, Zeitungen zu kaufen, aber man hat mir gesagt, in den Kritiken hieß es, das klassische Format sei nicht seine Sache, er sei bei Čechov zu Hause und so.

Gut, also, Viertel war nicht der typische Regisseur. Ich habe dann viele Sachen von Hans Schweikart gesehen, auch von [Josef] Gielen. Und viele, mit denen ich gearbeitet habe – Piscator habe ich schon genannt – die hatten alle in erster Linie das Stück im Auge und waren fähig, den Schauspielern Schwierigkeiten wegzunehmen oder zu helfen, zum Stück und zu den Figuren zu kommen.

MM: Glauben Sie, dass das heute grundsätzlich anders ist?

MH: Ja, es ist der Ausgangspunkt anders. Es fängt damit an, beispielsweise wie jetzt bei *Maß für Maß*, dass die Regisseure mit ihren Dramaturgen von vornherein das wegstreichen, was es sperrig und natürlich interessant machen müsste. Zugegeben, *Maß für Maß* ist vielleicht eines der schwierigsten Shakespeare-Stücke. Ich habe es insgesamt fünfmal gesehen, davon einmal in London. Ich könnte nicht sagen, dass eine unvergessliche Aufführung dabei war, aber es hat eine riesige Faszination bei mir angehalten. Jedes Mal Sehen hat meine Faszination für das Stück vergrößert. Es kam nie zu mir. Als ich jung war, hätte ich den Claudio spielen können, später auch wahrscheinlich den Angelo. Es kam nie, aber es wäre eines der Stücke, wo ich – passé, vorbei – sicher ja gesagt hätte. Und jetzt, wenn ich konkrete Fragen stelle, höre ich: Nein, die Szene kommt ja gar net vor.

MM: Vielleicht muss man diese spezielle Stückfassung im Kontext dieses Shakespeare-Zyklus sehen, der da am Burgtheater gemacht wird, dass es eine Art Gesamtkonzept ist. *Viel Lärm um nichts* zeigt man ja auch in so einer stark reduzierten Fassung, wo alle Nebenfiguren weggelassen sind …

MH: … aber das Stück ist nicht so kompliziert!

MM: Stimmt. Also die Berechtigung, etwas wegzulassen, ist in dem Fall vielleicht größer. Da hat nichts gefehlt. Und bei *Maß für Maß* fehlt möglicherweise etwas.

MH: Ja. Und etwas anderes ist so im Vordergrund und dominiert so. Die letzte Aufführung hier am Burgtheater hat Adolf Dresen gemacht, mit Kitty Speiser, mit dem Muliar [1980]. Und davor hat's der Lindtberg gemacht; konventionell. Da fangen jetzt die Kriterien an. Ob konventionell an einem Haus a priori negativ zu bewerten ist. Ich finde nicht. Ich finde, an einem Theater wie dem Burgtheater, wo die Leute Stücke ja auch das erste Mal sehen, an einem Nationaltheater, ist das in Ordnung. Ich rede jetzt ein bisschen gegen das, was ich vor dreißig Jahren gesagt habe, aber ich bin ja nicht daran gehindert, nicht ganz dort stehen zu bleiben, wo ich mal war. Als junger Schauspieler habe ich das gefressen, und wenn ich das Stück schon fünf Mal gesehen hatte … das ist eine andere Geschichte.

MM: Das ist sicher eine andere Geschichte. Und man muss auch berücksichtigen, was ein Theater für eine Aufgabe hat. Bei Festspielen kann man etwas anderes machen als an einem Repertoiretheater. Ich denke an die skandalisierte Inszenierung der *Entführung aus dem Serail* von Stefan Herheim bei den Salzburger Festspielen. Die fand ich dort genau richtig.

MH: Na selbstverständlich! Warum nicht? Nächstes Jahr mach ich's anders. Die Strehler-Aufführung der *Entführung* 1965 war überwiegend ein Triumph, aber auch das haben damals ein paar überhaupt nicht verstanden, auch Kritiker. Aber das ist nach so langer Zeit nicht wichtig.
Du kannst Strehler mit niemand vergleichen. Das waren Erfindungen, das waren einfach Erfindungen, das war höchster Kunstverstand bei echter Naivität. Das ist so etwas Seltenes! Jetzt versuchen Leute, die keinen großen Kunstverstand haben, raffiniert zu sein. Und das macht es so peinlich. Es ist ja kein Können da. Es geht doch um Chiffren! Warum waren Leute wie Caspar Neher so unerhörte Erfinder? Weil sie den naturalistischen und klassischen Pomp weggeräumt haben. Weil sie die Meininger weggeräumt haben, ein falsches Bild von Historisch weggeräumt haben.

MM: Ja sicher. Nur, das ist nicht wiederholbar.
MH: Nein, das ist nicht wiederholbar. Nur, gefragt ist natürlich, für jede Zeit die Chiffren zu finden. Das braucht halt Genies. Das braucht Genies.

MM: Sie sagen, dass die Regisseure früher mit dem gearbeitet haben, was ihnen die Schauspieler angeboten haben – ist das nicht mehr so?

MH: *blitzschnell* Nein, nein, nein, das ist absolut nicht so.

MM: Kann man das so generell sagen?

MH: Nichts kann man generell sagen. Ich spreche von der Erfahrung, die ich habe. Wenn Sie wollen, ist jeder Regisseur im Grunde seiner Sehnsucht ein Puppenspieler – nur, die Puppen leben.

MM: Und sie bieten nach wie vor etwas an, nicht?

MH: *leise* Wenig. Stärkere mehr. Aber das Prinzip der langen Proben … Die Schauspieler haben die Schwäche, bevor sie zu spielen beginnen auf Proben lange zu reden und zu erklären; auch noch auf den Stellproben. Sie erklären alles, sie zerreden alles, wo wir die herrliche Möglichkeit haben, uns auf das Fraglose hin zu bewegen. Das war's. Und von da an: *Don't touch!* Nicht darüber reden. Ich will nicht wissen, wie die Puppe gemacht ist. Ich lege Wert auf das Geheimnis.

Diese Leseproben, bei denen alle Dämme geöffnet waren, alle haben geredet, das war so verwirrend für mich, so verwirrend, so irritierend, so blockierend. Es ist zerredet worden, *erregt* von der Leseprobe an bis zur Premiere! – Ein Schauspieler, der kein Geheimnis hat, da geh ich überhaupt nicht hin!

MM: Sind das nicht zwei verschiedene Dinge? Das eine ist die Arbeit, die die Schauspieler tun …

MH: … jeder für sich allein, jeder für sich allein!

MM: Aber doch auch miteinander! Sie müssen ja miteinander spielen.

MH: Dann probt man, dann probt man.

Bild rechts: *In der TV-Verfilmung von August Strindbergs Ostern, 1967*

MM: Und das andere ist die Aufführung, die ein Geheimnis hat – für den Zuschauer!

MH: Ja, so soll's sein, da kann ich nicht widersprechen. Nur: Ich will nichts

Privates wissen von jemand, während der Arbeit. Das meine ich. Es hindert mich.

MM: Ja. Aber andererseits ist jeder Schauspieler »nur« als er selbst da, das heißt, er ist immer auch privat.

MH: Aber im Text des Stückes. Dein ganzes Privates, deine Erfahrungen, wenn du das gut unterbringst in dem Stück … Nur: Das soll mir der Kollege nicht erzählen. Er soll nicht sagen, er hat etwas Ähnliches schon erlebt! Ich finde das grauenhaft!

MM: *lacht* Gruppenpsychotherapie …

MH: Es ist indiskret und verstellt den Dichter. Alles, was mich interessiert, ist das Stück, nichts anderes. Mich interessiert nur das Resultat. Mit welchen Schmerzen, welchen Verletzungen, welchen Troubles es zum Resultat kommt … Strehler-Proben waren anstrengend, wie ich es nicht schildern kann, ich habe nie in meinem Leben so anstrengende Proben gehabt wie mit Strehler in Salzburg, nie, nie, nie, nie, nie. Ich weiß nicht, wann ich geschlafen habe. Ich kam um zwei Uhr oder drei Uhr nachts aus der Felsenreitschule, dann konnte ich natürlich nicht einschlafen, dann bin ich wach geworden um sechs Uhr früh, hab mir meinen Text angeschaut … Wenn die Schwierigkeiten bei einem Menschen alle Kräfte mobilisieren, wenn man Reserven mobilisiert, von denen man keine Ahnung hatte – na, dafür geht man zu dem Beruf!

Jetzt such ich mir das immer selbst. Meine Solosachen sind die reine Leidenschaft, nichts anderes … *Pause, tiefer Seufzer, nimmt sich wieder zurück* wenn Sie so wollen, das Bedürfnis, leidenschaftlich zu unterhalten. Nicht zu unterhalten wie bei Kreuzworträtseln.

Das finde ich jetzt am Theater sehr, sehr oft: Insider, die wie bei einem Buffet da ein Häppchen, dort ein Häppchen nehmen. Schon die Unterhaltungen, wenn man den Habitués zuhört! Die Habitués, das hat mit Publikum nichts zu tun. Ich vergleich's mit dem Kirchenplatz: Die sind weiter weg vom Lieben Gott als die, die keinen festen Platz in der Kirche haben. Vor allen Dingen: Wenn man sich eine Theaterkarte kaufen kann, kommt man Goethe nicht ein bisschen näher. Wenn jemand nie im Theater war, und ein paar Goethe-Gedichte in der Schule gelesen hat, die ihn nie verlassen haben, jemand, der sich nie darüber äußert, über *Wanderers Nachtlied*, weil er viel zu scheu ist, aber es bedeutet ihm so viel! Diese Menschen gibt's, und diese Menschen interessieren mich, und für diese Menschen hab ich mich immer so leidenschaftlich begeistert.

Überhaupt, wenn ich über dieses Buch nachdenke, was mir wichtig ist: Meine Begeisterung hat mein ganzes Leben so gemacht wie es ist. Nur weil ich begeistert bin, bin ich verstanden worden, weil ich Wände niederreden kann – das ist es. Aber tüfteln, abschmecken wie die Schickimicki-Köche eine Suppe … die können ja auch nicht kochen! Die einzigen guten Kochbücher sind die Armen-Kochbücher. Ich hab eines bekommen von der Barbara Schubczik, die in der Agnesgasse unter mir gewohnt hat; jetzt liegt sie am Neustifter Friedhof. Ihr Mann war Fassbinder, und sie hat bei den Heurigen gekellnert. Die Barbara Schubczik hatte ein Kochbuch, *Die Perle*; da steht drin, wo man ein Ei braucht, und wo ein Ei es gar nicht besser macht, und was man mit dem übrig gebliebenen Eiweiß anfängt. Und alle Rezepte waren gut!

Das Kochbuch habe ich von ihr geerbt, als sie gestorben ist. Das war das erste Mal, dass mir mein Name und meine Prominenz half. Ich habe damals beim Professor Fellinger im Rudolfinerhaus jedes Jahr Advent gelesen, und die Frau Schubczik war gar net gut beinand'. Da bin ich zum Professor Fellinger gegangen, und sie hat ein Einzelzimmer im Rudolfinerhaus bekommen, da war sie noch sechs Wochen. Als ich sie am ersten Tag besucht habe, ist sie dagelegen wie eine Fürstin – Barbara Schubczik, von der ich *Die Perle* geerbt hab!

Ich plädiere für die Aristokratie der Menschen, für die, die sie sich im Lauf des Lebens erwerben. Bei der anderen muss man schauen, dass man's net verdirbt, wenn man so auf die Welt kommt. Käthe Gold, Paula Wessely, das waren Aristokratinnen, der Balser, der Skoda, Aristos. Aber jetzt geht es so, wie die Giehse es nannte: Die Menschen wollen höher scheißen wie der Arsch g'wachsen is'. Das seh ich rundum.

Jugend, schöne Jugend

Lieber Michael Heltau!

Sie haben uns Freitag abend im Konzerthaus die alte Geschichte erzählt, wie Werther die Lotte liebte, und wie er das Verliebtsein liebte, das Schwärmen, die Tränen, die Qual. Sie haben uns von einer Leidenschaft erzählt, die sich erhoben hat über den Anlass, um ihren eigenen Gesetzen zu folgen als Mittel der Läuterung. Sie haben uns ein Stück Prosa vorgelesen aus einer Zeit, in der die Worte noch frisch waren, tönend, geheimnisvoll glänzend.

Viele junge Menschen sind gekommen, um Sie zu hören; die Jugend war da, und nicht nur jene Jugend, die noch nicht mehr als fünfzehn oder zwanzig oder fünfundzwanzig Jahre gelebt hat, sondern auch die andere, die versunkene, die unvergessliche Jugend der etwas Älteren. Satt waren plötzlich die Farben und klingend die Töne, jede Einzelheit hatte ihre geheime Bedeutung, unantastbar waren die von Begierde gleichsam geheiligten Körper, zu sehr zielbewusst und also ziellos und keusch war das Schwärmen. Lottes Lächeln war die Seligkeit, Alberts Mittelmäßigkeit wirkte widerlich, Werthers Lust am Sterben war eine Art sublimierter Lebenslust.

Die Jugend, die schöne Jugend haben Sie für uns wiedergewonnen, ließen uns lachen über den Eifer und trübsinnig sein angesichts der Unmöglichkeit der Erfüllung – und doch auch heiter, denn es hat uns ja gefallen, dass Werther sich nicht fügen konnte, sich erschossen hat für das Ideal.

Mein Lieber, Sie haben an diesem Abend einen Balanceakt vollbracht, gleich dem siebenundzwanzigjährigen Goethe, der mit der Niederschrift seines Romans ebenfalls einen Balanceakt vollbracht hat, sich durch die Formulierung vom Sexus entfernend, dem Eros entgegen. Sie waren der Musiker und das Instrument zugleich. Sie waren die Deutung und das Ergebnis dieses Deutens: die erarbeitete Harmonie. Sie haben unseren ewig jungen Freund Johann Wolfgang Goethe verkörpert. Sie haben in einem Akt der Magie die Jugend herbeigeschworen, unsere empfindsame, zaudernd wollüstige, schöne Jugend. Wir danken Ihnen. György Sebestyén

Kritik in der Kronen Zeitung vom 7. Juni 1970

Bild rechts: »Auf einem Bein stehen, die Zunge herausstrecken und Bäh schreien …« MH als »Fritzchen« in seinem Soloprogramm Kinder und Narren, 1970

Ich bin jetzt beispielsweis auf etwas sehr Einfaches gekommen, bei mir selbst: Ein ärmeres Umfeld kann man sich nicht vorstellen, bis zu meinem einundzwanzigsten Lebensjahr, wobei ich das nie bemerkt habe, erst im Nachhinein, – einen größeren Reichtum auch nicht. So extrem muss ich's sagen. Ärmer geht nicht – in materieller Hinsicht. Der Reichtum aber, der Reichtum … die Urgroßeltern, die Großeltern, die jungen Eltern, dann die Menschen, die dieses immer begeisterte Kind unterstützt haben; dass da nur Menschen waren, die etwas dazugetan haben: Fräulein Labitzky, Rosel Waldmann und Pater Corbinian, jeder brachte etwas. Ein Reichtum! Und das ist etwas so Tolles, dass das hält, bis man vierundsiebzig ist.
lange Pause, Wechsel der Tonlage Loek Huisman hat jetzt gesagt, es ist so schön, dass wir Dinge sehen und genießen, wo andere nur sagen: Jaja. Die haben's schon auch gesehen. Aber wovon lebt man, wovon lebt man?

мм: Die Erlebnisfähigkeit ist eine andere …
мн: Wovon lebt man? Warum geht man ins Theater? Es gibt so einen schönen Satz von der Mutter Goethe, die ein tolles Weib war, drum ist er so geworden, sag ich immer. *zitiert* »Ich hatte nie eine Schnürbrust angetan.« Da schreibt sie einen Brief an Bettina Arnim: Ach – ich kann's nicht wörtlich, aber im Sinn stimmt's ganz genau – ich kann es nicht erwarten, dass endlich wieder die Schauspieler kommen, von Herzenslust weinen und lachen! Das ist's. Wozu gehe ich ins Theater? Was diese affektierten Deutschlehrer und Deutschlehrerinnen im Theater vorführen, ihre *sehr akzentuiert* privaten Originalitäten, *brummelt* das interessiert mich nicht.

мм: Was meinen Sie mit privaten Originalitäten?
мн: Was sie sich ausdenken.

мм: Sie sprechen jetzt von Regisseuren?
мн: Nein, ich spreche auch von Schauspielern, ich spreche auch von Schauspielern, die nicht widersprechen, die nicht sagen: Was heißt das? Warum soll ich das machen? Kannst du oder können Sie mir das erklären? Und wenn er das nicht kann, dann ist er ja schon verloren. Und wenn er sich

über die Frage ärgert, ist er überhaupt gleich draußen! Der Erfinder, oder zumindest einer der Erfinder des Regieberufes, Max Reinhardt, hat gesagt: Das Theater gehört dem Schauspieler und nur dem Schauspieler!

Also, ich kann natürlich Stücke lesen, das habe ich immer gut gekonnt, Gott sei Dank. Es gibt Leute, die sich schwer tun, auch Schauspieler, lebenslang, Stücke zu lesen.

MM: Wie lesen Sie denn?
MH: Wie soll ich das jetzt sagen … sehr optisch.

MM: Das heißt, Sie stellen sich's vor?
MH: Nein, ich seh's. Ich sehe nie mich, das ist ganz wichtig. Nie, auch bei den Rollen, die ich gespielt habe.

MM: Und andere Personen sehen Sie konkret?
MH: Manchmal. Man hat so Lieblingsschauspieler. Ich habe mir in vielen Rollen Thomas Holtzmann gewünscht, weil ich den als Schauspieler sehr gern hab. Ich hab mir natürlich oft englische Schauspieler gewünscht. Dann oft die Schauspieler, die bei Strehler Rollen gespielt haben, die dann ich gespielt hab, Tino Carraro oder [Gianni] Santuccio.

Frauen habe ich oft besetzt, beim Lesen. Ich sehe überhaupt lieber Frauen auf der Bühne als Männer, aber das ist normal. Ich finde, es ist ein Frauenberuf …

MM: Schauspielerei ist ein Frauenberuf?
MH: Ja, selbstverständlich. Zu dieser Ansicht bekenne ich mich. Weil ich mich für mich nicht interessiere, denke ich nicht darüber nach, welcher Defekt mich zu dem Beruf gebracht hat, aber ich glaube, ohne einen gewissen günstigen Defekt für diesen Beruf hat man da nix zu suchen. Das meine ich ganz ehrlich.

MM: Als Mann, meinen Sie?
MH: Als Mann, ja, das meine ich absolut.

Nächste Doppelseite links: *Mit Gustav Manker auf einer Hamlet-Probe* rechts: *Hamlet; Volkstheater, 1970*

53

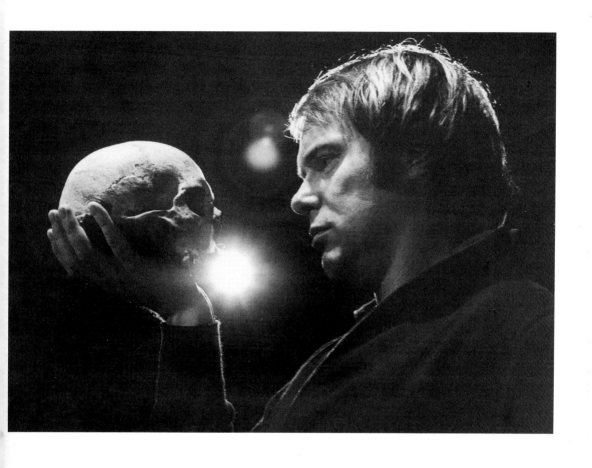

MM: Alle männlichen Schauspieler haben einen Defekt?

MH: Ja, individuelle. Aber es muss natürlich ein günstiger sein, es darf net nur a Buckel sein, das würde nix bringen …

MM: *lacht* Höchstens für ganz bestimmte Rollen.

MH: Ja ja, aber dass man das macht … Ich frage mich immer, wie es möglich war, dass ich meine Scheu überwunden habe, Schauspieler zu werden.

MM: Hatten Sie Scheu?

MH: Na, die ist immer da. Ich geh doch nicht nie in eine Gesellschaft, weil ich keine Scheu hab. Ich geh zu keiner Gesellschaft, weil für mich alles ein Auftritt ist. Im Beruf ist es die Rolle, die auftritt. Das ist der Schutz – die Profession.

MM: Die Profession ist ein Schutz.

MH: Ja, ein absoluter Schutz, absoluter Schutz. Der Beruf soll ein Schutzmantel sein, nur dadurch können Verwandlungen entstehen. Wenn man zu viel Privates weiß, fällt es sehr schwer, den Ansprüchen der Dichter zu entsprechen.

MM: Und Sie hatten Scheu, sich zum Schauspielberuf zu entschließen?

MH: Nein, ihn auszuüben, nicht mich zu entschließen. Der Schauspielberuf hat sich ergeben. Man hat mich hineingedrängt.

MM: Naja, wenn man zweimal [an der Falckenberg-Schule in München und am Reinhardt-Seminar in Wien] beim Vorsprechen solchen Erfolg gehabt hat, oder so eine Resonanz gehabt hat!

MH: Ja, nennen wir's Resonanz, weil Erfolg kann's ja nicht gewesen sein, woher? Ich habe das gemacht, was ein begabter Mittelschüler macht, wenn er einen Text in die Hand kriegt. Wahrscheinlich hab ich nix Falsches gemacht. An eines kann ich mich sehr gut erinnern: Ich hatte überhaupt nicht das Gefühl, ich müsse das, was diese Kollegin, die ich in München zum

Vorsprechen begleitet habe, gemacht hat, auch tun, nämlich »spielen«. Vielleicht war's das.

MM: Dass Sie sehr authentisch waren und sehr überzeugend.

MH: Ja, weil i nix g'macht hab. Und a junger, grad g'wachsener Bursch war, sehr schmal, sehr schmal. Ich hab das nie überschätzt, ich hab ja damals schon misstraut, hab's ja meinen Eltern gesagt. Heute würde ich sagen, aus meiner Theaterkenntnis: So einen wie mich, wie ich mit siebzehn ausgeschaut hab, brauchte das Theater zu jeder Zeit immer. Nicht dass der besonders gut ist, sondern: Den kann ich brauchen. Aber bitte nicht ein bisschen mehr dabei vermuten.

Jetzt, wo ich nicht mehr spiele, und sicher nicht mehr spiele, könnte vielleicht jemand, den es interessiert, sagen: War das eine Karriere? Wie bewerte ich sie? Aber während der Zeit ist es eine Rolle und noch eine Rolle, und eines gelingt, und das andere misslingt. ... Ich habe mich nie diesen langweiligen und kräfteraubenden Überlegungen gestellt.

MM: Karriereplanung, meinen Sie?

MH: Und auch die Frage: Wo stehe ich, wo, wo, wo, wo? Bei jedem wahrscheinlich, mit dem ich reden würde, woanders. Also.

Manchmal musste ich mich dran erinnern, mir treu zu bleiben. So nenn' ich das: Mir treu zu bleiben. In der Zeit, wo man zum ersten Mal relativ viel Geld hätte haben können, bei Filmen, da musste ich mich daran erinnern. Ich habe wahnsinnig viel abgesagt.

MM: Wo Sie hin wollen, haben Sie auch nicht überlegt?

MH: Nein. Es war anders. Wo ich nicht sein will, das habe ich sehr gewusst. Ich habe so einen Satz einmal Ernst Haeusserman gesagt. Da wurde am Burgtheater *Kaufmann von Venedig* gespielt, das hat Adolf Rott gemacht [1967], und ich war der Bassanio, und es war für den Ernst Deutsch. Die Aufführung war keine ruhmreiche, wie es das zu jeder Zeit an jedem Theater gibt. Immerhin, man konnte Ernst Deutsch als Shylock sehen. Und in diesem Zusammenhang habe ich Haeusserman gesagt: Wissen Sie, Herr

Professor, man kann mir sehr schnell etwas ausreden, aber fast unmöglich etwas einreden. Das ist die Wahrheit gewesen.

 MM: Mit Haeusserman haben Sie sich nicht so gut verstanden.
MH: Komischerweise: verstanden sehr, wenn Sie wollen, weil ich mir nicht mehr erwartet habe. Aber er wollte witzigen Smalltalk, am Stammtisch mit seinen Leuten …

MM: Das hat Sie aus dem Konzept gebracht.
MH: Ja, genau. Also: Man konnte gut mit ihm packeln.
Ich bin ja immer wieder weg vom Burgtheater, ich hatte nur Stückverträge und bin dann immer gleich wieder weg! Wohin war nicht so klar. Nur: weg, weg, weg. Mach ich nicht: also weg, sofort! Da kann man dann sagen, der ist stur, der ist borniert. Aber es gibt etwas ganz Simples: Wenn man etwas verstanden hat, so dass man weiß: So g'hörts, für mich. Das ist der einzige Weg, den ich gehen kann. Alles andere wird a Packelei.
Es gab bei mir diese gewisse Zeit, die hat sehr, sehr lang gedauert, die wird nur jetzt aufhören, wo ich nicht mehr spiele, da hat es geheißen: Er ist so schwierig! Wenn dann einer, der mich mochte, sagte: Aber er ist gut, der Heltau – dann hieß es immer gleich: aber schwierig! Es war mir nie um das Schwierigsein zu tun, es war um der Sache willen. Jetzt mache ich die Schwierigkeiten halt mir selbst. Was immer ich mache, hat den Anspruch, ja, großes Wort: meiner individuellen Wahrheit nahe zu kommen. Auch die Wahrheit hat einen Perfektionsanspruch, nicht?
Das sind meine ganzen Schwierigkeiten. Die hat man natürlich mit sich selbst, vor allem, wenn man sich das und jenes nicht durchgehen lässt. Lass dir das nicht durchgehen ist auch so eine Überschrift bei mir. Lass dir das nicht durchgehen! Und vor allem, wenn man ein paar Mal Erfolge hatte: Nimm sie nicht … zu sehr zur Kenntnis, sonst werden sie platt und verlieren das, was sie ausgemacht hat. Nämlich: Das Geheimnis hat den Erfolg ausgemacht. Ich glaube, kein Bühnenmensch kann einen Erfolg haben ohne etwas über das hinaus, was er konkret gerade macht. Das nennt man dann die Ausstrahlung oder so irgendwas. Aber das ist es, und das andere ist

platt. Wenn jemand bei einer Orange nur die Orange sieht und nicht zugleich spürt – ahhh, wo das herkommt, und wie's riecht … Das ist, was die Kinder immer haben, und was die Erwachsenen im Theater suchen. Drum gehen sie überhaupt ins Theater, sonst würden sie überhaupt nicht ins Theater gehen: um aufzutanken. Ich will einmal wieder sehen, dass einer alles das macht, wozu ich nicht die Kraft habe, nicht die Zeit, vielleicht auch nicht das Talent. Ich will so lieben, ich will so weinen … Lassen wir uns doch dieses Gottesgeschenk nicht zerreden, weder von Kritikern noch von Dramaturgen, und vor allem nicht erklären, man kann's nicht erklären. Wer will denn Theater erklären? Warum werden denn hauptsächlich Verrisse geschrieben? Weil es leicht ist.

мм: Nichts leichter als das!

мн: Aber beschreibe dein Glück, wenn du im Theater sitzt! Wenn du das kannst, bist ja a Dichter.

мм: Sie haben einmal erwähnt, dass Sie zu einer bestimmten Zeit Ihren persönlichen Rhythmus verloren haben, weil Sie geglaubt haben, Sie müssten etwas »gestalten«. Wann war das?

мн: Ja. Ich bin aus dem Tritt gekommen. Das war um 1975 herum. Es war eine Zeit, wo ich sehr viele verschiedene Sachen gemacht habe. Ich habe Shakespeare gespielt [*Spiel der Mächtigen, Richard II.*], ich habe meinen ersten Nestroy gespielt, wo die Leute sich aufgeführt haben wie auf der Hochschaubahn, vor Vergnügen [*Der Zerrissene*], ich habe gesungen und war im Konzerthaus gleich fünfmal hintereinander ausverkauft. Und das konnte ich alles, von der Kraft her, das gelang mir auch. Und es kamen immer mehr Angebote, das Fernsehen und der *Liedercircus*, und und und. Und ich sagte ja, denn es war ja das, was mich an den Punkt gebracht hatte, dass alle etwas von mir wollten: Tourneen in Amerika und Gastspiele in Deutschland, nachts hin und her, hier spielen und am anderen Tag in der Früh fliegen – und plötzlich habe ich dieses Aus-dem-Tritt-Kommen gespürt, indem ich mir zum ersten Mal auf eine sehr unangenehme Weise fremd war, durch meine Nerven. Das war's. Und da habe ich für mich ganz leicht, aber sehr definitiv reagiert und habe angefangen, nein zu sagen. Man muss wissen, wie lange man sich etwas zumuten kann und ab wann man Schaden nimmt, und ich glaube, dass nicht alles reparabel ist. Dann gibt's zwei Möglichkeiten: dass du ein Zyniker wirst und auf gut Wienerisch sagst: Tu dir nix an! Oder dass du sagst: Nein, ich möchte mir treu bleiben, ich will auch meine eigene Freude dabei haben.

Das hat eine gewisse Zeit gebraucht, weil ich natürlich zugesagt hatte. Ich musste mehr oder weniger …

мм: … einen geordneten Rückzug antreten.

мн: Einen geordneten Rückzug antreten. Aber das kann man durchaus machen. In der Zeit waren auch die Musicals, wo ich dann ausstieg.

мм: Im Theater an der Wien, *Das Appartment* …

мн: Genau. Sportivität ist in solchen Dingen etwas Furchtbares.

мм: Und wie haben Sie das erlebt? Haben Sie das Gefühl gehabt, dass Sie nicht mehr genügend Zeit zur Vorbereitung haben, keine Zeit für sich selbst …

мн: Dass es mir keine Freude macht! Ganz simpel.

мм: Dass Sie etwas abliefern?

мн: Ja, genau. Dass ich zurückgreife auf etwas, wo ich mir sagen muss: Das hast' ja schon verkauft, das kannst' doch nicht noch einmal verkaufen; also: inflationär.

Es ist natürlich wunderschön, wenn man gefragt ist. Aber man muss über den Beruf immer wieder sehr nachdenken; nicht über sich, aber über den Beruf. Was ist dieser Beruf? Und schon damals, in einem Alter, wo's noch Jahrzehnte Zeit hatte, habe ich mir gedacht: Ich möchte diesen Beruf auch so erleben, dass man bei Lebzeiten, bei existenziellen Lebzeiten, das Vergessenwerden übt. Wie ist das, wenn sie nicht mehr wissen, wie du bist?

Michael,

ich bedanke mich für deine Intelligenz,

deinen Charme und deinen Einsatz

Toi Toi Toi

Jean-Pierre

Widmung von Jean-Pierre Ponnelle

мм: Haben Sie sich denn schon einmal ganz zurückgezogen?

мн: Nein, bis jetzt nicht, aber das werde ich selbstverständlich tun.

мм: Damals haben Sie es noch nicht ausprobiert?

мн: Nein, damals nicht, damals wäre es nicht gegangen, ich war ja am Burg-theater engagiert. Ich habe es nur schon reduziert. Aber jetzt ist das doch schon ein Rückzug: Seit sechs Jahren spiele ich nicht mehr Theater, also, das ist ja schon was! Wer sonst macht das? Weil, ich muss Ihnen sagen, die Nachfrage ist noch da, so ist das nicht! Ich sprech' jetzt nur von Wien, ich sprech' vom Burgtheater, ich sprech' von der Josefstadt: Was du willst, was Sie wollen, mit wem du willst, mit wem Sie wollen.

Bild links: Unverwech-selbares Flair à la Pon-nelle – MH als Perdikan in Man spielt nicht mit der Liebe, *1973*

мм: Sie hätten carte blanche.

мн: Aber ich weiß natürlich … Ich habe die Verantwortung nie gescheut, ich suche die Verantwortung, im privaten Leben und im beruflichen, das lässt sich nicht von einander trennen. Aber die Verantwortung, die ich jetzt hätte, wenn ich wieder eine Rolle spielen müsste, die ist mir ein bisschen zu theatralisch, weil ich so lange Zeit nicht gespielt habe. Das hätte mit der Rolle nichts mehr zu tun und mit'm Heltau nichts mehr zu tun. Das hätte dann nur damit zu tun, dass mich die Leut' schon seit Jahren nim-mer g'sehn haben, und das ist ja nimmer seriös und nimmer künstlerisch. Nur dass man älter ist, ist doch kein Kriterium!

Man sagt immer, Theater muss sich verändern – ja, das tut es, es ist heute anders als es gestern war. Genau das ist es. Diese Veränderungen sind da. Und alles andere, was man zusätzlich noch an Heutigkeiten versucht, das sind mehr oder weniger gut kaschierte private Krämpfe. Das Theater ver-ändert sich, weil die Menschen sich verändern. Es ist gar nicht möglich, etwas zu machen wie vor zehn Jahren. Diese Distanzen kommen durch die Zeit selbst, und dadurch wird es überhaupt möglich, Theater richtig einzu-schätzen. Dann nennt man es altmodisch, und ich sage: Selbstverständlich, es war vor zwanzig Jahren, es kann ja nur altmodisch sein.

Was ist schon zeitlos? Ganz, ganz wenig. Zeitlos ist, wenn du möglichst viel Modisches wegtust, wenn du versuchst, alles, was jetzt aktuell ist, zu ver-

65

meiden. Drum hab ich die Soloabende so gern. Da hab ich eine Uniform an, da fällt alles Äußerliche weg, da kommst du der Zeitlosigkeit nah.

Ich habe jetzt in einer Kritik die Formulierung gelesen: Nichts ist so altmodisch wie etwas, das vor drei Jahren aktuell war. Und das meine ich zum Beispiel über eine Dekoration, für die man aus dem Fundus verschiedene Sessel holt. Wie lange wollt ihr diesen armen alten Gaul noch reiten? Das ist nicht das Arme Theater, zu dem ich sehr tendiere! Dort haben sie Phantasie, dort stehen die Menschen im Mittelpunkt.

MM: Sie denken an etwas wie die legendäre *Sturm*-Inszenierung von Peter Brook …

MH: Ja, jetzt sind wir auf dem Punkt. Oder der *Sommernachtstraum* in der Regie von Brook. Absolut!

Ich habe als Fünfzehn-, Sechzehnjähriger an den Kammerspielen in München noch diese wunderbaren Brecht-Aufführungen von Erich Engel gesehen, die sehr viel aus dem chinesischen Theater hatten; wo zwei auf der Stelle gehen, und der eine geht ein Stückchen weiter und der andere bleibt zurück, und das ist die Entfernung, aus der dann gesprochen wird *leise, wie aus großer Distanz* Grusche, Grusche! Das ist mein Theater. Ich kann's so sagen. *laut und energisch* Ich kann sehr gut sagen, was ich liebe.

*Gespräch am 3. Mai 2007 im Café Weimar, mit Ergänzungen aus
Gesprächen vom 15. Februar 2007 und vom 17. Januar 2008*

3 Von meiner Jugend hatten nur die andern was

Zu diesem Treffen hat MH zwei Dokumente mitgebracht: Ein »Hand-billett« von Maresa Hörbiger, in dem sie ihn bittet, zur Eröffnung der Ausstellung *Paula Wessely privat* in ihrem Kultursalon in der Villa in der Himmelstraße zu sprechen, weil er ihrer Mutter »der nächste Mensch« gewesen sei, und ein persönliches Erinnerungsstück an Ellen Müller-Preis, die soeben ihren 95. Geburtstag gefeiert hat, mit einem Bild, das MH beim Fechten mit EMP zeigt.

Weil die offizielle Feier für Frau Müller-Preis erst wenige Tage zurückliegt, hat unsere Unterhaltung einen »sportlichen« Einstieg. MH kommt nochmals auf die Rolle zu sprechen, der er seinen ersten Erfolg im Theater in der Josefstadt verdankte: Rodolfo in Arthur Millers *Blick von der Brücke*, 1957.

MH: Da habe ich diesen sizilianischen Einwanderer gespielt, ganz jung, der leidenschaftlich boxt. Boxen ist das einzige, was ihn freut, und das ärgert alle, weil das nichts Ernsthaftes ist. Und um mich da zu präparieren, bin ich ins Dianabad gegangen und habe beim damaligen Europameister Blaho boxen gelernt, insgesamt ein halbes Jahr. Meine Gründlichkeit … Aber der hatte gar nichts mit Theater im Sinn, dieser Europameister, kann man ja auch nicht verlangen, und es war wahnsinnig schwer, das, was er mir beigebracht hat, für meine Zwecke zu übersetzen. Er hat mir gesagt, ich müsse einfach gegen meinen Partner gewinnen, aber ich hatte ja keinen Partner, ich hab nur herumgespielt gegen alle, die nicht boxen wollten – das war die Rolle. Ich habe dort eher Verbissenheit gelernt und musste dann Heiterkeit bringen, dass es aus Vergnügen geschieht, dass es mir so a Freud' macht.

MM: Und wie ist es Ihnen gegangen, mit den Boxhandschuhen?
MH: Ich liebte es.

71

MM: Machen Sie's noch manchmal? Haben Sie einen Punchingball zu Hause?

MH: Alle die Sachen hören auf. Das mündet dann bei mir schon sehr, sehr früh, mit fünfundzwanzig, in Yoga.

MM: Sie machen Yoga, schon seit so früh?

MH: Aber ich sitze nicht nur und konzentriere mich, ich mache körperlich sehr schwere Sachen. Naja, von nix kommt nix.

MM: Es ist ein Beruf, wo man körperlich fit und beweglich bleiben muss.

MH: Ich habe es fürs Leben getan. Dass der Beruf davon was hat, ist eine zusätzliche Sache.

MM: Wie sind Sie auf Yoga gekommen? Das war ja damals nicht populär.

MH: Durch den Fritz Kortner, der schwere Bandscheiben-Probleme hatte; zu der Zeit, als ich am Schillertheater war, hat er über das Schillertheater den Kontakt zu Sophie Ludwig bekommen. [Sophie Ludwig, 1901 bis 1997, unterrichtete in Berlin *Sensory Awareness*, eine spezielle Bewegungslehre.] Sie hat das Hatha-Yoga für unsere Verhältnisse adaptiert, und weil Kortner nicht allein wollte und faul war, habe ich ihn mit meinem kleinen VW, mit meinem gebrauchten, chauffiert und habe mitgetan. Es waren noch ein paar Kollegen dabei.

Das hat mir unendlich gut getan. Ich mache es bis zum heutigen Tag. Und als ich 1980 mit dem Robert-Stolz-Gastspiel vom Theater an der Wien in Berlin war, im Theater des Westens, habe ich die Nummer von Frau Ludwig im Telefonbuch gesucht; sie hat immer noch gearbeitet. Ich hab sie angerufen und habe ihr gesagt, ich denk soviel an sie und bin ihr so dankbar – und sie hat gesagt: Ich denk so viel an Sie, weil wenn ich Sie sehe, sehe ich, da ist etwas aufgegangen, was ich auch mit meiner Arbeit in Verbindung bringe. Und dann hat sie mir ein Buch geschenkt. Da bleibt man schon dabei.

Ich kann mir fast nicht vorstellen, daß es Menschen gibt, wo die Gnade der Existenz genügt, ohne daß sie auch noch etwas dazu tun. Ich kann mir nicht vorstellen, daß einer so wie ich gesund auf die Welt kommt und nicht irgendwann auch aktiv wird, selbst was tut, für dieses Geschenk. Ich fühle mich sehr begnadet von der Existenz, aber das war immer mein Grundsatz: Du musst doch was tun für das, was du mit deinem Eintritt ins Leben bekommen hast! Und dazu habe ich jede Chance ergriffen. Sophie Ludwig ist da ganz wesentlich, aber auch das Fechten, und sogar das Boxen.

MM: Man hat als Schauspieler auch die Möglichkeit, vieles auszuprobieren.
MH: Ja, Reiten. Ich hab in einem Film Maximilian von Mexiko gespielt und habe in der Sierra Nevada in Spanien gedreht, da musste ich mit Zigeunern reiten, und Schlachten reiten.

MM: Dabei wurden Sie nicht gedoubelt?
MH: Nein, nein, nein. Beispielsweis eine Attacke, das sieht man sehr schön in dem Film, in eine Schlucht, das is net so lustig, vor allem, weil man sich ganz auf diese Zigeuner-Komparserie verlassen musste. Das Reiten hätte mir Spaß gemacht. Nur, der Beruf geht weiter. *Another day, another job, another world.*
Bei Yoga haben Sie das Existenzielle, das Zentrum: der Atem, der eigene Atem. Nach den vielen Sportarten, die ich gemacht habe, würde ich sagen: Bei Yoga gehört einem wirklich, was man erfährt. Bei anderen Sportarten kriegst du Muskeln und alles Mögliche, aber bei Yoga macht es der Körper, wie er gedacht ist, nicht wie im Fitness-Studio, wo du dir etwas antrainierst, was dir nicht gehört. Wenn ich in der Früh einmal nicht Yoga mache – das hat dann mit Reisen zu tun, dass der Platz einfach nicht da ist –, die wenigen Male, da fehlt's mir sehr. Nur: Ich kann ein Minimum überall machen.

Themenwechsel mit Bezug auf das Schreiben von Maresa Hörbiger

MM: Sie waren Paula Wessely der nächste Mensch?
MH: Das schreibt sie [Maresa Hörbiger] da.

MM: Und Sie haben das auch so empfunden?
MH: Ja, absolut, und umgekehrt. Das ist ja nie eine Einbahnstraße. Aber: Je stärker eine Intimität ist, desto größer die Diskretion; das geht parallel. Ich

würde nie, nie, nicht mit vorgehaltener Pistole … ob es die Paula betrifft oder die Helene Thimig, Helene Thimig und Reinhardt, oder Strehler. Was ich von ihnen erfahren habe, ist viel zu schade für eine Mitteilung. Ich kann ja nicht mitliefern, wie es zu diesen Gesprächen kam, ich würde ja sozusagen nur das Oberste sagen – dafür ist es mir viel zu kostbar.

Wenn mir jemand sagt, warum haben Sie nichts mit Gleichaltrigen zu tun: Wir haben alle dieselbe Situation, wir kriegen eine Rolle, wir kriegen eine Rolle nicht, das ist nicht, was mich interessiert. Das ist der Alltag.

мм: Das heißt, Sie haben bewusst die Gesellschaft der Älteren gesucht?

мн: *vehement* Nicht bewusst, nichts in meinem Leben war bewusst, absolut nichts. Es hat sich ergeben, es hat sich alles ergeben. Und der Impuls meinerseits war ganz unbewusst.

Ich war in Josefstadt-Zeiten mit ein paar Freunden, die alle noch leben, beim Heurigen Nierscher in Pötzleinsdorf, drinnen, im Haus. Wie wir hinkamen, saß an einem andern Tisch die Paula Wessely mit einem feinen älteren Herrn. Nach einer Zeit kam der Herr an unseren Tisch und sagte: Herr Heltau, Frau Wessely würde sich freuen, wenn Sie an unseren Tisch kommen. Und das war's. Und wir haben am Anfang geredet wie am Schluss, wir mussten nie einen gemeinsamen Ton finden, der war von vornherein da. Sie hat ihn gegeben, und ich hab ihn aufgenommen und verstanden. Sie hat gesagt: Michel Heltau, ich schau mir alles an, was Sie spielen, weil es mich sehr, sehr interessiert. Aber jetzt müssen Sie weg von der Josefstadt. – Und ich sagte: Aha, warum, Frau Wessely? – Sonst kriegen Sie Angst vor der Literatur. Ich weiß, wovon ich spreche.

So fing meine Sache an, mit der Wessely. Das hat sich alles ergeben. Und mein Urteil war ihr, das ist auch wichtig für Beziehungen, ebenso wichtig wie ihr Urteil mir war. Da gibt's keine Hierarchien, Sie verstehen, was ich mein': Die wirklichen Beziehungen des Lebens muss man nicht nachjustieren. Da ist der Level, das Niveau vorgegeben, da zählt die Unbedingtheit, die Wahrhaftigkeit, ganz, ganz klar. Da muss man nie Glacé-Handschuhe anziehen: Wie sag ich das der Paula. Da war einmal eine Sache … das war vielleicht die einzige Sache, wo man länger darüber redete, es ging um einen

der vielen Filme, der als Film gar nicht so war, dass man lange drüber reden musste, aber sie hat ja in ihrer Ernsthaftigkeit immer versucht, etwas Wesentlicheres zu spielen.

MM: Sie hat oft recht flache Drehbücher auf ihre Art hintergründig umgesetzt.

MH: Im konkreten Fall hat sie eine Person gespielt, die kleinbürgerlich ist, sich aber großbürgerlich gibt, was so nicht im Drehbuch stand. Und da hab ich ihr gesagt – sagt sie: Was, des hast dir ang'schaut? – Ja, sag ich, und es hat mir sehr, sehr imponiert, was du über bürgerlich weißt. Und da hat sie gesagt: Ich bin's. – Ja, aber nicht alles, was man ist, kann man auch gestalten. Und das ging in sehr, sehr vielen Gesprächen weiter, immer wieder mit Pausen dazwischen; sie wollte das wissen: Ob ich gemeint hatte, dass sie das war, oder dass es gestaltet war. Es war natürlich gestaltet. Und das war ihr so wichtig. Weil wir uns immer gesagt haben: Privat gilt gar nichts, in dem Beruf, nicht einmal, dass man ein netter Mensch ist, wenn man auf der Bühne einen netten Menschen zu spielen hat. Das musst du machen! Und das hat sie beschäftigt, weil sie wusste, sie war kleinbürgerlich.

Solche Gespräche konnte ich nur mit wenigen Leuten führen, natürlich mit Strehler … Meistens war nicht die Zeit da, meinerseits, aber auch nicht das Interesse. Ich muss ehrlich sagen, ich bin sehr verwöhnt, sehr, sehr verwöhnt mit Unterhaltungen. Und dann: Es gibt ja genug Sachen, über die man auch reden kann, und angenehm reden kann, ohne dabei zu persönlich zu werden. Aber die wirkliche Intimität darf nicht inflationär werden. Ich habe mich bemüht und geübt, mich gegen Einflüsterungen abzuschirmen, nicht nur bei Misserfolgen, sondern immer wieder gerade bei Erfolgen. Es klingt absurd: Die können sehr irritierend sein. Ich möchte wissen: Was hat man verstanden, oder eben nicht verstanden. Du hast Vorstellungen, spielst Stücke oft irrsinnig lang, und jeden Abend kriegst du etwas Atmosphärisches hinein, wo du dich fragst: Was hat denn das jetzt mit der Rolle zu tun? – Bleib dir treu! Das ist für mich die einzige Möglichkeit, mich davon zu distanzieren.

Dazu hatte ich ein gutes Gespräch mit der Helene Thimig. Meine erste

Komödie war *Das Konzert* von Hermann Bahr, der Doktor Jura [Volkstheater, 1971]. Vorher habe ich in der Josefstadt manchmal eine ganz kleine Rolle gespielt, wo man über mich auch lachen durfte. Aber ich war so prädestiniert für das andere Fach, das dann ja Gott sei Dank kam, die ganzen herrlichen Rollen … Und davor waren es die minderwertigen Rollen, wo ich sag: Jugendfutter. Viele meiner Rollen in der Josefstadt waren Jugendfutter fürs alte Publikum. Ich habe die auch alle nicht verstanden, weil: Da war nichts zu verstehen. Man musste einen Achtzehnjährigen spielen, aber konventionell, nicht *Frühlings Erwachen*, nicht Wedekind, sondern einen, der halt ein bißl garstig ist zu den Eltern: Samuel Taylor, *Glückliche Zeiten*, das war grandios besetzt, der Großvater war Anton Edthofer, der Vater Leopold Rudolf, die Mutter Vilma Degischer, der Sohn ich, na – wenn man in diesem seichten Genre sich aufhält, ist das das Paradies.

Das Schönste in dem Beruf ist, entdeckt zu werden, und da muss man halt im Lauf des Lebens ein paar Mal versuchen, es wieder zu schaffen. Und dazwischen müssen s' einen vergessen, sonst können s' einen net neu entdecken; das begreifen so wenige Schauspieler.

Und da kam eben am Volkstheater zum ersten Mal, noch dazu parallel zu Hamlet und Romeo, dieser Jura, in einem exzellenten Stück mit lauter wunderbaren Rollen, wie Stimmen einer Partitur! Mit mir spielten Almassy und Jaray, da wusste man ja, wie gut die sind, und es gab Hymnen für mich. Ich weiß noch, ich saß am Abend in der Frankgasse bei der Helene Thimig, die hat sich furchtbar für mich gefreut und hatte alle Kritiken da – damals gab's sehr viele Zeitungen in Wien, ein Stoß. Und ein paar Tage später hat die Helene mich gefragt, ob ich mich über gute Kritiken freue. Sag ich, ja, natürlich. Sehr freue? Sag ich: Ich freue mich, aber ich flippe nicht aus, ich hebe nicht ab, wie man in Wien sagt. Und da hat sie gesagt: Und wenn etwas Negatives ist? Hab ich gesagt: Das trifft mich unter Umständen sehr. – Zum Beispiel diese Geschichte mit dem ewigen Jugend-Bonus. Man hat mich sehr mit Jugend identifiziert.

Als ich dann [ebenfalls 1971] in Salzburg den Jaromir im *Unbestechlichen* gespielt habe, da hat Paul Blaha eine Kritik geschrieben, und da stand am Schluss, das weiß ich noch heute *Pause, lacht* etwas, das mich sehr irritiert hat, weil ich der Jugend schnell entkommen wollte, in jeder Hinsicht, durch die Rollen. Von meiner Jugend hatten nur die andern was. Ich konnte nichts anfangen damit. Ich konnte nichts anfangen damit, dass Leute, die nicht mehr jung waren, zu mir sagten: Ach, so jung! Und dabei ihr eigenes verpasstes Leben beweinten. So hab ich's immer gesehen. Ich würde nie sagen: Ach, so jung, weil das heißt ja, i bin's nimmer. Ich habe nie über mein Alter nachgedacht. Ich wollte, dass es interessant wird! Mich haben die Brüche interessiert! – Und da schrieb der Paul Blaha, sinngemäß, ich sei mit ewiger Jugend geschlagen und das sei eine gewisse Gefahr. [Wörtlich heißt es bei Paul Blaha im *Kurier* vom 26. Juli 1971, MH habe aufgrund seiner »Knabenhaftigkeit« und »Frische« die Rolle des alternden Blaublütlers »fraglos noch vor sich«.]

мм: Das haben Sie als negativ empfunden?
мн: Vor allem: Ich konnte nichts anfangen damit, was fängst du damit an?

мм: Ich finde es sehr gut beobachtet.
мн: Ja, das war's auch sicher. Nur: Man ist ohnmächtig, man ist ohnmächtig, es ist eine Tatsache, weiter nichts. Es ist, wie wenn man sagt, Sie haben blaue Veilchenaugen, das ist nett. Aber braune Augen haben Sie nicht! *MM lacht* Verstehen Sie, was ich meine? Was sollst du dagegen machen?

мм: Auch ich erinnere mich, dass Sie in dieser Zeit, Anfang der siebziger Jahre, noch sehr jugendlich gewirkt haben!
мн: Wahrscheinlich hat es mich deshalb so getroffen, weil ich nie über mein jeweiliges Alter reflektiert habe. Nie, auch nicht mit siebzehn oder sechzehn.
Meine Mutter hat gesagt, dass sie mit mir in der Pubertät nie die geringsten Probleme hatte, anders als mit meinen Schwestern; die Eltern hatten mit mir nicht die geringsten Probleme.

мм: Das ist ja unheimlich!
мн: Nein, nein, es ist nicht unheimlich. Leisten kann man das nicht. Ich

trenne das sehr vom Glück, von dem ich vorhin gesprochen habe. Ich lege Wert darauf, dass ich weiß, was ich leiste. Aber ich kann nicht sagen, da leiste ich was.

MM: Das meine ich auch nicht. Aber Sie haben mir doch einmal erzählt, dass Sie und Ihre Mutter in der ersten Zeit am Attersee große Schwierigkeiten miteinander gehabt haben. Vielleicht gab es keine Pubertätsprobleme mehr, weil die Auseinandersetzungen in der Kindheit schon so heftig waren?
MH: Es ist etwas Merkwürdiges mit diesem Beruf. Da brauchte ich eine Zeit, und ich habe dann früh begriffen: Du kannst, wenn du einen solchen Beruf hast, der sich in einer ganz andern Welt abspielt, nicht dieses Echo erwarten, wie wenn du mit Insidern redest. Meine Mutter hat vollkommen vergessen, wenn ich etwas spielte, dass ich das bin. Und das musste ich zur Kenntnis nehmen. Ich wollte den Familienweihrauch, und der kam nicht, nicht einmal von meinen Schwestern wirklich. Eher fremdelt es ein bisschen. Es fremdelt nicht privat, und ich fange das Thema überhaupt nicht mehr an; meine Schwestern fangen jetzt manchmal an. Dieser Beruf ist nicht zu erklären, genau wie Ihrer nicht. Die Familie sagt: Monika, was hast du bis jetzt gemacht? Sie sagen: Na, das Buch, wennst willst, kriegst es. Mehr können Sie nicht tun. *wütend* Sie können doch nicht erklären, dass Sie ein so merkwürdiger Vogel geworden sind! *MM lacht* Aber da muss man draufkommen.

MM: Sie haben die Entfremdung gespürt, die mit der Familie entstanden ist.
MH: Nur im Beruflichen! Sie blieben zu Recht im Zuschauerraum, sie blieben vor dem Fernseher; sie waren nicht vor der Kamera, sie waren nicht auf der Bühne.

MM: Wie war das, ganz einfach und praktisch gesprochen: Sind Sie immer wieder nach Hause gefahren, um die Familie zu besuchen?
MH: Am Anfang ja. Da war ich ja in Deutschland, in Würzburg und in München. Und in der Filmzeit, da waren immer wieder Pausen dazwischen.

Aber ab dem Moment, als ich in Berlin war, habe ich die Eltern, wenn's hoch geht, fünfmal im Jahr gesehen. Als ich dann in Wien war, kamen sie in den Ferien hierher, aber meistens habe ich da nicht gespielt. Sie kamen natürlich nach Salzburg zu den Festspielen …

MM: Und haben Sie Kritiken nach Hause geschickt, Briefe geschrieben?
MH: Nein, eben nimmer. Ich hab's versucht.

MM: Aber Sie haben nicht die Resonanz bekommen.
MH: Ich hab nicht die bekommen, die ich bekommen wollte, sondern das höchste Kompliment meiner Mutter war: Ist ja gut! Und das ist, wenn man jung ist, zu wenig. Jetzt muss man sich immer wieder sagen, das hat mit der Herkunft zu tun. Ich komme aus einer wunzigen Kleinstadt, Urgroßeltern, Großeltern waren bäuerliche Menschen, die aus Niederbayern in die Stadt, nach München, kamen, und dann, nach dem Ersten Weltkrieg, nach Ingolstadt; deswegen kam ich dort auf die Welt. So. Aber meine Mutter und mein Vater waren in Ingolstadt als junge Menschen Theaternarren, sie haben sich am Stehplatz des Stadttheaters Ingolstadt kennen gelernt. Mein Vater hatte eine schöne Stimme, er hat Richard Tauber verehrt, er hat ein hohes C gesungen. Wenn ich seine Stimme hätte, wäre ich … wär' ich wahrscheinlich verloren, weil da wär' ich jetzt schon zu alt … aber dann hätte ich Opern gesungen. Meine Mutter liebte mehr das Sprechtheater, mein Vater mehr Operette. Das Operettenprogramm bei mir, das ist gespeichert im Ohr, vom Vater. Diese Dinge sind merkwürdig, wo kriegt der Schwamm etwas her, ein Kind? Aber als ich dann nach Wien kam, ans Seminar, da waren die Mitschüler älter und kamen entweder aus dem Theatermilieu, wie die Rikli Baxevanos, deren Vater Opernsänger war, oder der Peter Weck, der bei den Sängerknaben war – die waren mit Theater vertraut; deren Eltern waren mit Theater vertraut, das waren Eislaufväter und Eislaufmuttis. Ich kann meinen Eltern nicht vorwerfen, dass sie anders waren. Komischerweise, die Jugendpopularität im Film, zu einer gewissen Zeit, das war leichter zu nehmen für meine Eltern. Aber als es dann Burgtheater war … wie soll jemand mit etwas selbstverständlich umgehen, was er nicht kennt.

Bild links: Spiel der Mächtigen, mit Andrea Jonasson; Salzburger Festspiele, 1973

Wien Riesen 1994

Mein lieber Apostel!

Ich umarme dich mit tiefe und tiefe Liebe. Du bist ein
Schauspieler wie ich denke muss es sein. Ein Beispiel.
Wie viele Zeit haben wir verloren, Micki.
Sie haben uns nicht gelassen machen alles was wir
konnten!
Heute dein Cotrone ist für dich ein Ziel, ein Höhe-
punkt. Für mich nur eine Bestätigung.
Sagt unser Vater William »ripeness is all«.
Aber man muss es verdienen! Du hast verdienst mit
eine lange Arbeit der Seele.
Danke für deine Treue.
Dein
Giorgio

Brief von Giorgio Strehler
zu Pirandellos Die Riesen vom Berge

Das Salzburg der Karajan-Zeit war Anziehungspunkt für italienische Künstler. Das Bild links oben zeigt MH in Gesellschaft der Schauspielerinnen Elsa Molzer (links) und Valentina Cortese.

Cortese war nicht nur ein internationaler Leinwandstar, sondern auch Protagonistin am Piccolo Teatro, wo sie unter anderem die erste Königin in Strehlers *Il gioco dei potenti* verkörperte. Gerne erzählt MH die Anekdote, wie es nicht zuletzt dank ihrer Schlagfertigkeit dazu kam, dass er im *Spiel der Mächtigen* in der Rolle des Königs besetzt wurde.

»Strehler hatte für das *Spiel der Mächtigen* den *attore* erfunden, und er wollte, dass ich das mache, und er sagte mir: Das ist eine herrliche Rolle, ein Shakespeare-Schauspieler! Und ich konnte mich damit nicht anfreunden. Und er hat mich beschimpft – *sei stupido*! – so ging das hin und her. Und Valentina saß dabei und stickte. Und ich hab immer gesagt: Ich will den König spielen! Mich hat dieser König interessiert, diese Mensch gewordene Ohnmacht, dem einfach zu viel aufgeladen wird. Und Strehler hat gesagt: Das ist keine so gute Rolle.

Unsere Konversation lief in einer Mischung aus Deutsch, Englisch und Italienisch. Und dann läutete das Telefon, und als Strehler hinging, sagte Valentina zu mir – aber er hat das noch mitbekommen: *Micki, anyhow, you are the King*! «

Bild links unten: *Mit Herbert von Karajan und seiner Familie, 1974*

мм: Aber Ihre Eltern waren theaterbegeistert.

мн: Ja, aber in Ingolstadt!

мм: Da müssten sie doch auch begeistert sein, wenn ihr Sohn am Burgtheater eine große Premiere hat.

мн: Nein. Nein. Diese Tatsache allein hat Gott sei Dank meinen Eltern und mir, bis zum heutigen Tag auch mir, nicht imponiert. *trotzig* Mir imponiert es überhaupt nicht, dass ich von Stufe zu Stufe gegangen bin. Das ist eine Entwicklung, die begünstigt war. Mein Hauptkapital ist sicher eine Begabung, und dass ich nichts dagegen gemacht hab.

мм: Aber wenn Ihr Vater so schön singen konnte und Ihre Mutter mit Ihnen Gedichte rezitiert hat, dann ist diese Begabung auch gepflegt worden.

мн: Geweckt.

мм: Und nicht behindert. Man kann einem Kind, das singt, auch sagen: halt den Mund.

мн: Nein, das gab's bei uns nicht. Meine Eltern haben mir auch vertraut. Es war natürlich schon extrem, wenn in den fünfziger Jahren einer sagte, er will jetzt zum Theater. Das bedeutete schon das volle Vertrauen seitens der Eltern, und für mich die volle Verantwortung. Aber was daraus wird – da konnten sie nur vertrauen, dass ich aus einem ordentlichen Stall komme. Schauen Sie sich an, wie viele Gefahren das hat! Es ist die Gefahr bei diesem Beruf besonders augenscheinlich, auf sich selbst hereinzufallen. Das heißt, je mehr du dich mit dir selbst beschäftigst, desto gefährdeter bist du. Ich interessiere mich wirklich nicht für mich.

мм: Ihre Eltern haben Sie nicht daran gehindert, aber auch nicht unterstützt.

мн: Wie hätten sie mich unterstützen sollen, von Ingolstadt?
Arthur Miller hat in meinem Leben eine Bedeutung. Der Durchbruch in Wien war *Blick von der Brücke*, dieser Boxer. Und mein allererster wirklich zumindest erstaunlicher Erfolg in Würzburg war auch mit Arthur Miller.

Ich sollte nach Bochum gehen, vom Seminar, zum Intendanten Schalla, das Theater hatte einen sehr prominenten Ruf; ich sollte nach Ulm gehen, sollte nach Klagenfurt gehen. Ich habe entschieden, ich gehe nach Würzburg, weil ich glaubte, da werde ich viel spielen. Und ich kam nach Würzburg, mit einer Kollegin vom Seminar, die begabt war, die Steffi Freund, und das erste, was wir spielten, war eine Operette, *Clivia* von Nico Dostal; da gibt's am Anfang eine Filmszene, die spielen immer zwei abgehalfterte Schauspieler. In Würzburg waren wir wirklich die Jüngsten auf der Bühne, die Soubrette war um die sechzig, und der Buffo wahrscheinlich siebzig. Entzückende Menschen, muss ich gleich dazusagen, bezaubernde Menschen, die uns sehr gern hatten, aber halt in anderen Regionen lebten und dachten. Und diese Filmszene am Anfang haben wir gespielt, die Steffi Freund und ich. Und als nächstes kam *Romeo und Julia*, da hab ich fest geglaubt, da spiele ich, aber – und ich möchte da überhaupt nichts vom Leid erzählen, sondern von originellen Erfahrungen – den Romeo spielte Herr Will Rollberg. Er war zirka fünfzig, ein sehr schöner Mann, er hatte Afghanen-Hunde, war der Liebling der Damen von Würzburg. Allerdings spielte ich dann den Malcolm in *Macbeth*. Aber ich hab mir schon gedacht, da wäre ich besser nach Bochum gegangen; ich hab gedacht, das ist ja viel ärger als am Burgtheater, wo's immer heißt, dass die Alten alle Rollen spielen. Die anderen haben bestimmt, was sie spielen. Und ich hab mich schon gefragt, warum mich der Intendant, der Herr Scherer, so unbedingt haben wollte. – Und dann kam der *Tod des Handlungsreisenden*, und da sollte wieder der Herr Rollberg spielen, mit dem ich mich sehr angefreundet hatte, er hat die Steffi und mich oft eingeladen, hat ein großes Haus geführt in den Weinbergen, ein besonders netter Mann. Aber er sagte, auf die Rolle kann er noch warten, und die waren in großer Not und haben mir die Rolle zugeteilt; das war der Biff. Und da kamen meine Eltern aus Ingolstadt und schauten sich das an. Ich hab um mein Leben gespielt. Ich wollte das loswerden, nach diesen zweieinhalb Monaten, das ist für einen Neunzehn-, Zwanzigjährigen eine sehr lange Zeit. Ich war hungrig, und es hat gepasst. Und ich hatte einen tobenden Erfolg. In der *Würzburger Zeitung* stand etwas Komisches: Das ist das bemerkenswerteste Debüt am Stadttheater

Würzburg seit Heidemarie Hatheyer. – Und wie ich dann nach München kam, hab ich ja erzählt: durch den Kortner.

MM: Was hat Ihre Mutter zu dem Biff gesagt?

MH: Wir waren nachher in einem Weinlokal, das noch sehr Nachkrieg war, und die Eltern saßen unendlich beeindruckt und verlegen da. Und das verstehe ich! Ich würde mir keine Mutter wünschen, die mit dem vertraut umgeht. Das wäre ja, als hätte sie mich für Striptease erzogen. Ein Schauspieler kann doch nicht mehr liefern als ein Geheimnis.

Und als ich da kam, in diese Weinstube – sie haben mir einen Fresskorb mitgebracht –, waren zuerst nur diese Allgemeinplätze: Was willst essen, was willst trinken; ich war noch so bißl so … Und es gipfelte in dem Satz meiner Mutter *bayerisch*: Ja, Bua, wo hast'n du des her? – Verstehen Sie? So eine Familie sind wir!

Meine Mutter hat schon Kritiken gelesen. Am Anfang hab ich ihr sehr, sehr viel geschickt, später dann nicht mehr; beispielsweis ein Foto mit der Romy Schneider vom Film *Der letzte Mann*. Damals ist man mit Filmpremieren auch herumgefahren, Premiere in jeder Stadt, die X-te auch in Ingolstadt, und das Kino ist in der Straße, in der meine Eltern wohnten, in der Dollstraße. Das war eine große Aufregung, aber für die Eltern eigentlich nur Verlegenheit. Aber als meine Mutter 2002 starb …

MM: Erst vor so kurzer Zeit?

MH: Ja. Sie war ja sehr jung, sie war ja erst achtzehn, als ich auf die Welt kam, und ist fast 87 geworden. Und als sie starb, hab ich eine Mappe bekommen, da waren Kritiken drin, wie sie sie irgendwo aufgeschnappt hat. So ist es, so ist es, so ist es. Ich hab immer gesagt, Gott sei Dank komm ich aus keiner Theaterfamilie, Gott sei Dank, dieses Blatt war weiß, das Blatt Heltau war weiß.

MM: Das konnten Sie ganz alleine voll schreiben.

MH: Es ist noch nicht voll!! Bis zum letzten Moment schreibt man dran, vor allem, weil ich ja nicht nur Berufliches auf das Blatt schreibe. Die Men-

schen, denen ich begegnet bin, die mein Leben gemacht haben, sind mir, ohne nachzudenken, sooo viel wichtiger als mein beruflicher Erfolg, dass ich's gar nicht schildern kann, dass ich es überhaupt nicht schildern kann. Dieser Beruf, das ist das Schöne, der hat es möglich gemacht, mit diesen Leuten zusammenzukommen. Aber der Beruf, das ist abgehakt, das ist abgehakt. Wehe den Schauspielern, die glauben, da bleibt was. Die haben den wirklichen Luxus nicht begriffen, die haben nicht begriffen, was es für eine fatale Falle ist, was man von uns festhält. Ist eine Falle, eine Falle, eine ganz … infame Falle. Es ist nicht festzuhalten. Wie Shakespeare sagt: Wir sind vom Stoff, aus dem die Träume sind. Das ist das, was mir gefällt, am Leben und an meinem Beruf. Ich bin ein Träumer, ein Fabulierer, und bring einen Traum so, dass er sichtbar wird, hörbar wird, dass es handwerklich wird, aber den Traum nicht verliert – das hat mich interessiert.

Und ich hab vollkommen verstanden, wie meine Eltern reagiert haben. Die Liebe, die sie hatten, auch meine Schwestern, *lacht* war zu groß, um sie zu klein zu geben.

MM: Ich denke mir, die große Liebe drückt sich vor allem auch in der Großzügigkeit aus, mit der man Sie freigelassen hat, Ihren Weg selbst zu wählen und zu gehen.

MH: Einmal hat mein Vater gesagt, wir saßen an einem Sonntag beim Mittagessen, in Ingolstadt *bayerisch*: Du woaßt scho', Bua, dass do immer a Platz für di is.

Ja, so ist die Familie. So möchte ich auch Theater spielen. Ich hab mich immer bemüht, nicht virtuos oder effektvoll zu sein. Wenn manches so wahrgenommen wurde – Zufall, Zufall … Da war ich mir so einig mit der Käthe Gold. Käthe Gold hat meine Mutter einmal kennen gelernt, und die haben sich wahnsinnig gut verstanden, weil sie hatte auch so eine Mutter. Die Käthe hat mir eine schöne Geschichte erzählt. Als sie das Haus in Sievering gekauft und zum schönsten Weinhauerhaus von Wien gemacht hat, da kam einmal eine reiche Person, die das sehen wollte, und hat so herablassend gesagt: Na, mit Geld … – Sie hat sich gewundert, dass man für unsern Beruf auch was bezahlt kriegt, die Rechtsanwaltsgattin. Da hat die Käthe gesagt: Ja, alles mit Theaterspielen! – Und als die Käthe dieses Haus gekauft hatte, da ist sie mit der Mama hingegangen, das Haus war leer, und die Käthe hat gesagt: Mama, wenn das alles fertig ist, dann führ ich dich da herein, mit einem Arm voller roter Rosen. Und wissen S', was die Mama g'sagt hat: Ja, Mädi, bled gnua warst!

Das ist meine Welt. Das ist die Welt, in der ich lebe. Ich bin doch nicht auf einen fremden Glanz hereingefallen, auf den Namen eines Instituts: Schillertheater! Burgtheater! Das ist doch nicht einmal ein gepachteter Glanz: Burgtheater!

[Kurt] Horwitz hat mich in Würzburg als Biff gesehen und nach München geholt. Diese Premiere war im November. Damals gab's noch keine Autobahn Frankfurt-München. Der Kortner hat mit dem Oskar Werner in Frankfurt *Prinz von Homburg* inszeniert und war mit dem Horwitz, dem Direktor des Residenztheaters, in einem alten Mercedes dort. Sie haben sich die Vorstellung angeschaut, und sie fuhren über den Spessart nach Hause, und weil schlechtes Wetter war, blieben sie in Würzburg über Nacht. Und was machen die zwei?

MM: Sie gehen ins Theater …

MH: Sie gehen ins Theater. Und da bin ich entdeckt worden. Es hat sich ergeben, alles. Aber da muss man doch begreifen, dass es sich ergibt, dass es sich ergibt! So ist das ganze Leben!

MM: Haben Sie die Eltern oder die Schwestern dann grundsätzlich nicht mehr zu Premieren eingeladen?

MH: Nein, nein, das wäre auch viel zu umständlich gewesen. Wir brauchten nicht den Muttertag und den Vatertag, um einander zu versichern, was wir füreinander sind. So würde ich sagen.

MM: Wann ist Ihr Vater gestorben?

MH: Mein Vater ist sehr jung gestorben, das Jahr weiß ich jetzt nicht. Stalingrad! Dem Vater ist die Jugend gestohlen worden, dort vor Stalingrad! Wenn Sie fragen, was haben Sie von Ihren Eltern: Dass sie beide durch alles,

94

was sie erlebt haben, absolut nicht verbittert sind, dass sie trotzdem heitere Menschen waren, *mit Nachdruck* das ist ein Kapital, wenn man's erbt. Meine Mutter hat einmal gesagt: Du hast ein heiteres Gemüt. Und das hab ich wirklich. Da kannst du viel dagegen tun, da kannst du viel dagegen tun. Wenn du zum Beispiel ein Haus baust, zuerst zehn Jahre ein altes Bauernhaus in Tirol herrichtest, und dann hier in Wien baust, genau fünfunddreißig Jahre Schulden abzahlst – wenn du immer nur an die Schulden denkst, und nicht auch denkst: Da wird was, da wird was … – Ich hatte natürlich auch Leute wie die Käthe Gold, die gesagt hat: Ja, das muss man, das muss man … weil mir das halt so wichtig war. Ich hab immer diesen Platz für mich gebraucht. Dass ich ein schönes Haus hab … Der Strehler hat mir gesagt, das ist das einzige, was man braucht.

Ich hab keinen Picasso, ich hab keinen Schiele. Ich habe mir im ersten Engagement in Würzburg einen Tisch gekauft, den hab ich immer noch. Es ist ein guter Tisch! So. Ich bin wie ein Hund, der Flöhe sammelt. Ich hab sehr gute Augen, meinen ureigenen Geschmack, wo mir niemand etwas anderes einreden kann, aber ich lern ununterbrochen, und hab eine gute Nase, wo ich lernen kann. Und das ist die Voraussetzung. Ich sag immer, wenn du Bad Kyritz an der Knatter verteidigst, wie man in Deutschland sagt, das ist nix. Schau hinauf, schau hinauf, schau hinauf! Das ist das einzige, was man dem Peymann … nicht vorwerfen, kannst ihm nicht vorwerfen, weil es war zu seinem eigenen Schaden, wie ich meine.

Peymann war angstbegeistert von mir. Er hat mich einmal gefragt: Wie erklären Sie sich, dass die Wiener Sie so lieben? – Na, ich hab mir Wien erliebt. Aber ich glaube auch, ich habe es richtig gemacht. Ich war einfach neugierig, hier möglichst viel zu verstehen, zu begreifen. Ich will wissen, wo ich mich ärgere. Ich ärgere mich hier über vieles, aber ich liebe es, und ich bin nicht nach Wien gegangen, um von Ingolstadt zu erzählen. Und der Peymann ist nach Wien gegangen mit seinen Erfahrungen aus Bremen, und da sagen die Leute hier: Interessiert uns net, wir haben unseren eigenen Augiasstall zum Ausmisten.

Das ist meine Lebenseinstellung immer gewesen, immer gewesen. Wenn ich etwas heute wirklich bedaure … aber das lag natürlich an der Zeit, und

ich habe das Stipendium bekommen, um hier zu studieren, sonst wäre ich nach Frankreich gegangen, ich wäre nach England gegangen oder nach Amerika gegangen, und was dann geworden wäre – hätten mir ein paar dieser blöden Jugendjahre für den Theaterberuf gefehlt. Aber die Sprachen wären viel, viel, viel sattelfester geworden, weil da hab ich ein Talent, das hab ich mit dem Mackie Messer in Paris bewiesen; diese zwei Monate Arbeit an der Sprache waren wirklich eine Tour de force!

MM: Das glaub' ich. Und gute Nerven haben Sie auch!

MH: Ja, aber die hab ich manchmal weggeschmissen dabei.

Das Französische hätte ich so gern zur richtigen Zeit und nicht mit diesem Druck des Premierentermins gelernt – so wie ich mir das Italienische angeeignet habe. Ich hab einen Brief von Strehler, er hat mir einen wunderschönen Brief geschrieben, wirklich einen Brief, wo man sich freut: Du bist nicht ein österreichischer Schauspieler, du bist nicht ein deutscher Schauspieler, du bist ein europäischer Schauspieler!

Mich interessieren nur die englischen Schauspieler. Das heißt jetzt nicht, dass ich nicht den Oskar Werner liebe, oder den Balser oder den Thomas Holtzmann oder den Erich Schellow. Ich hab meine Favoriten gehabt, hab sie bis heute, man bleibt ja diesen Leuten treu. Aber die Engländer, das englische Theater, ist ohne die Marotte des Regietheaters, ohne die Marotte der Achtundsechziger. Das sind alles Sachen, die sich den Engländern nicht gestellt haben. In der Literatur haben die das gleich gehabt, mit Osborne und Pinter, und dazu die adäquaten Schauspieler. – Ich wäre gerne in vielen Sprachen zu Hause. Die Tätigkeit hätte sich ergeben.

Aufgrund meines Geburtsjahres hatte ich das Glück, keinen Krieg zu erleben, oder ihn nur als Kind zu erleben. [MH ist Angehöriger eines so genannten Weißen Jahrgangs, er unterlag dann auch keiner Wehrpflicht.] Aber diese Zeit von 1945 bis 1955, fast 1960, die war doch sehr, sehr eng, in dem, was ein junger Mensch konnte. Es hieß, schnell sich entscheiden. Es war nicht die Zeit …

Wir waren seinerzeit bei allen unseren Freundinnen und Freunden die Buben. Und es waren fröhliche Buben, es waren ordentliche Buben, es waren tüchtige Buben, es waren unendlich verwendbare Buben. Und etwas von dem Bubenglanz blieb uns erhalten.

Es ist sehr interessant, dass diese Buben von den Freunden unseres Lebens ganz individuell begriffen wurden. Strehler hatte mit Loek eine ganz andere Beziehung als mit mir. Helene Thimig sagte mir einmal, Loek und ich seien die beiden einzigen Menschen, die voreinander überhaupt kein Geheimnis haben. Ich habe festgestellt, dass da eine Legendenbildung im Gange war, nicht um die Buben, sondern um die Frage: Wie funktioniert das? Das hab ich am deutlichsten gespürt, als Elisabeth Schwarzkopf mich unbedingt kennen lernen wollte, weil sie so neugierig war auf Loek Huisman. Das ist merkwürdig, nicht? Man hat mit mir anders gerechnet, mit mir anders geredet, mich anders genommen, und man hat Loek anders genommen – und man hat uns zusammen wieder anders genommen, beide, wenn wir da waren. Vielleicht ist das schon der Stoff, aus dem Legenden werden.

Wir haben uns kennen gelernt, als er in der Steindlgasse mit einem Hund spazieren ging. Ich wusste nicht, wer er ist, und er wusste nicht, wer ich bin. Und wir haben über den Hund geredet. So ist das. Es ergibt sich, immer wieder – mein Thema: Glück muss man möglich machen.

Langweilig war es nie, und vor allem: es ist Arbeit. Und wir waren uns vollkommen einig, fraglos einig, dass ein Mensch auf der Welt ist, um alles dazu zu tun, dass er zu seinen besten Möglichkeiten kommt; das heißt, dass er sich bildet, bildet, bildet und wieder bildet. Und weil das so existenziell bei uns ist, waren auch immer die Menschen da, mit denen man sich, nicht nur *an* denen man, wohlgemerkt, *mit* denen man sich bilden konnte. Und mein Beruf handelt vom Leben; man muss über Leben reden können, als Schauspieler – also, wie machst du das am besten? Indem du es nicht schwänzt!

MM: … wo man herumtun, etwas ausprobieren konnte.

MH: Absolut nicht. Das ist mir ganz klar, im Nachhinein, ich seh das wie von einem Fremden.

MM: Es war eine Aufbauzeit, wo jeder sehr schnell seine Funktion haben musste.

MH: Und seinen Platz. Und dafür ging's bei mir ja eh sehr gut. Aber wenn Sie jetzt schon von mir das Wort Begabung hören wollen: Ich glaub, da wären viele begabt gewesen, im Hinblick auf das, was ich künstlerisch nenne. Eine Sprache gut sprechen, gut lesen – also, wenn das nicht künstlerisch ist! Ich war dann bekannt mit Leuten wie Rostropowitsch, Svjatoslav Richter und Lisa [Leonskaja], und als ich die ersten Russen gespielt habe, ist das wirklich aufgebrochen, dieses: zu spät, der Sache wirklich nahe zu kommen.

MM: Haben Sie Russisch auch gelernt?

MH: Nein, nur ein bißl, hören, hören, hören.

MM: Man kriegt doch ein anderes Gefühl für die Texte.

MH: Natürlich. Aber dann ist man wieder in der Gefahr, nur die Äußerlichkeit der Sache, nur den Klang der Sache zu machen, aber nicht den tiefen Sinn. Ich lieb das Russische unendlich, über die Literatur, das ist mein Einstieg, über die Kunst, über die Maler. Italien lieb ich über das Leben. Die andern Länder lieb ich über die Kunst. Ich hab nie Italienisch Theater gespielt, aber ich bin oft bei Strehler aufgetreten, mit zweisprachigen Lesungen, er las Italienisch, ich Deutsch. Strehler hatte ein unerhörtes Gefühl für die deutsche Sprache. Er konnte einem zum Beispiel sagen, daß bei Pirandello eine bestimmte Stelle im Deutschen tiefer geworden ist als im Original. Einmal war im Lirico ein großes internationales Theaterfest, mit dem Ian McKellen, da sagte der Strehler zu mir: Micki, du hast einmal für mich gesungen *Lindenbaum*. Ich möchte, dass du zum Abschluss *Lindenbaum* singst, a cappella. Im Lirico, ein Riesen-Theater. A cappella. Schubert. – Ich hab's gemacht. Das gelang mir – es war der richtige Moment, aus der Situation heraus. Und es war das Deutsche, das Österreichische plötzlich so stark.

MM: Strehler wollte aber, dass Sie am Piccolo Teatro auch Italienisch spielen.

MH: Natürlich! Ununterbrochen! Aber komischerweise … Es war während der *Dreigroschenoper* in Paris, in der Mitte der Zeit, dass er mir sagte, er möchte einen Pirandello machen, *Come tu mi vuoi*. Und ich hab's gelesen, und ich fand das sehr interessant. Und dann hab ich ihm gesagt – ein Freund, nie beleidigt! – ich hab gesagt: Giorgio, ich brauch' dazwischen meine Sprache, die ich behaupten kann, auf der ich gehen kann.

Frankreich war eine tolle Erfahrung. Wenn man hier probt, und es würde einem jemand einen Rat geben, unaufgefordert – das wäre, als würde er einen unsittlich angreifen. Man sucht sich aus, wen man fragt, um solche Sachen. Das is ja net wie beim Kochen: Kann i da a bißl Salz einegeben, oder: Derf i rührn? Noch ärger: Soll ich umrührn? – Nein, das mach ich schon selber! Aber in Paris hab ich auf einmal jedem glauben müssen! Da hat's auf einmal jeder besser gewusst – in Anführungszeichen. Ich war anfechtbar. Das war nicht ein Film, wo man sagt, das drehen wir noch einmal. Ein Film ist eine Bagatelle, da habe ich meinen Coach, der bricht ab: Moment, Moment, *encore une fois*, und dann geht das in Takes. Aber im Theater waren das drei Stunden, und das war noch dazu jemand, der führen muss; der Mackie muss ja führen!

Aber das hat Strehler verstanden. Er hat verstanden, dass es seriös war, dass ich den Pirandello nicht gespielt habe. Es ist ein bisschen das, was ich auch von der Bergner erfahren habe: Es bleibt die Frage, wie viel gewinnt man, wie viel verliert man, durch die andere Sprache, an Identität; Mutter-Sprache, Mutter-Sprache.

MM: Wie haben Sie Strehler überhaupt kennen gelernt?
MH: Er hat mich in Stuttgart gesehen. In der *Bernauerin* von Carl Orff, wo ich den Herzog Albrecht gespielt habe, mit der Liesl Orth. Der Vaclav Kaslik hat das gemacht [1965].

Walter Erich Schäfer war damals Intendant in Stuttgart, wirklich ein großer Philosoph, ein wunderbarer Theatermann, der alle die Sachen mit John Cranko gemacht hat. Und Strehler sollte in Stuttgart *Emilia Galotti* inszenieren, und er hat mich als Herzog Albrecht gesehen und wollte mich haben für den Bassa Selim. *Pause*

Der Erich Schäfer hat zu mir gesagt: Für Leute wie Sie würde ich immer wieder Theaterdirektor werden. Schön, nicht?! *lange Pause* Ich bin schon sehr verwöhnt worden, aber ich habe immer auch gewusst, dass das nicht selbstverständlich ist, sondern dass das ein Privileg ist, das Konsequenzen hat: Du musst dann auch so handeln, dass es dem entspricht, was dir da sozusagen angeboten wurde vom Leben.

Bild links: *Bekennender Taubenfreund; Salmannsdorf, 1974/75*

MM: Wie ist die erste Begegnung mit Strehler verlaufen? Sie haben seine Arbeit ja wahrscheinlich gekannt?

MH: Ich habe in München, als ich noch nicht Schauspieler war, noch von Ingolstadt aus – das waren meine ersten Theatererfahrungen –, an den Kammerspielen den *Diener zweier Herren* gesehen. Ich war erledigt von dieser Herrlichkeit, aber: Ich hab diese Herrlichkeit noch gar nicht mit mir in Verbindung bringen können, dass ich da auch einmal dabei sein könnte, bei so was. Erst später ist dann so ein Kriterium gekommen, sehr, sehr simpel: Wenn eine Vorstellung nicht gut war, hab ich gedacht: O, Gott sei Dank, ist das ein schwerer Beruf, Gott sei Dank bin ich nicht dabei! Und wenn es sehr gut war, hab ich gesagt, das ist doch ein schöner Beruf, da möchte ich sofort mitmachen.

Ich hatte, als die *Bernauerin* war, bei den Salzburger Festspielen schon gespielt, und zwar im *Jedermann* [Guter Gesell], und ich hatte dort schon *Ödipus Rex* gemacht, mit Claudio Abbado. Und da rief der Nekola [Tassilo Nekola, Direktor der Salzburger Festspiele] an und sagte: Der Strehler, das wissen Sie doch … Ja, ich weiß – ich wusste wirklich sehr gut – … möchte Sie haben für den Bassa Selim. Und ich hab zu Nekola gesagt: Herr Direktor, das ist ein absoluter Irrtum. Das ist leider ein entsetzliches Missverständnis, der Strehler verwechselt mich. Weil den Bassa Selim haben immer alte Leute gespielt, alte Opernsänger, meistens Bässe noch dazu. – Nein, glauben

Sie doch! – Wenn ich komme und es ist das Malheur und er sieht mich, was ist dann?

Wie ich den Strehler im Nachhinein kannte – so etwas wäre nie passiert, so ein Irrtum. *lacht*

ᴍᴍ: Er wird schon gewusst haben, wen er gesehen hat.

ᴍʜ: Ja, und dann war ich da, und er hat zu mir gesagt: Sie sind erstaunt. *imitiert* Ich werde Ihnen sagen, was ich mir vorstelle, wie ich es sehe, Bassa Selim. Eine Symbiose von Othello und Nathan der Weise; ein junger Othello und ein junger Nathan der Weise.

Das war's, das war der Einstieg. Das war, was ich Ihnen gesagt hab: Das ist ein guter Regisseur, der einem so was sagt, so war auch der Manker – etwas, womit man was hat, ein Stück Fleisch. Das ist natürlich ein großzügiges Angebot als Bassa Selim. Da ist die Idee dahinter besonders wichtig, weil er auf der Bühne gar nicht so viel zu tun hat. Aber er hat starke Gefühle, starke Emotionen. Ein Othello, der zu einem Nathan wird. – Es war eine tolle Idee, und ich hatte viel zu tun.

ᴍᴍ: Vor allem ist es spannend, die Rolle mit einem jungen Menschen zu besetzen, wenn die Gefühle glaubwürdig sein sollen.

ᴍʜ: Nicht so jung. 1965, wie alt war ich da: zweiunddreißig, ich hab ausgeschaut wie zweiundzwanzig, oder geschlagen mit Jugend wie zweiundzwanzig. Aber das war immer so bei einem guten Regisseur wie bei Strehler oder bei Manker oder bei Barlog oder bei Piscator: Die haben dieses Jungsein eben nicht einfach so benützt, sondern da musste mehr sein, eben die Brüche. Ich hab die Brüche natürlich immer gesucht, wenn ich die Klassiker spielte, wenn ich Schiller spielte. Ob das der Carlos war, der Ferdinand in *Kabale und Liebe* oder der Wallenstein; der Wallenstein sieht die Brüche, aber beim Ferdinand oder Don Carlos, da musst du sie finden, weil da war die Zeit schon eine andere … das war die Zeit. Das heißt nicht, dass ich besser bin als der Liewehr oder der Werner, aber da ist es weitergegangen, weil was macht denn diese Stücke so unglaublich aktuell, dass jede Zeit ihren Platz findet? In den großen Klassikern findet sie den Platz. Da gibt's ein wunderbares Stück von Ferdinand Bruckner, das heißt *Krankheit der Jugend*, und diese Krankheit der Jugend kommt bei den Klassikern immer vor, das Reiben der Generationen aneinander, die Orientierungsprobleme junger Menschen. Natürlich ist das sehr schön, wenn der Osborne das in seinen Stücken schreibt, die in der heutigen Zeit spielen, aber es bleiben ja die Klassiker genauso gültig. Wie Strehler einmal gesagt hat: Alles, was wirklich interessant ist am Theater, und leidenschaftlich ist, ist ewig. Das ist die Liebe, das ist der Verrat, das ist das Ende, das ist der Verlust, das sind die größten Gefühle; das ist bei Schnitzler oder bei Čechov ein verpasstes Leben, ein erfülltes Leben, die eine Sache, die du verpasst hast, dieser Moment, dieser Mensch, diese Frau … nie mehr, nie mehr, nie mehr, nie mehr; um das geht's beim Theaterspielen. – Alles andere wird nur einmal gemacht und nie mehr wieder. *Der Fall Oppenheimer*, die Atombombengeschichte, das ist vorbei.

MM: Das kam aus einer gewissen Tagesaktualität, wo ja immer die Frage ist, wieweit das Theater sich auf Tagesaktualität überhaupt beziehen kann, auch einfach von den handwerklichen Gegebenheiten, weil die Tagesaktualität in einer ständigen Bewegung ist, da kann das Theater eigentlich nicht folgen.

MH: Nein, es kann ja nur den einen Moment zeigen, die Geschichte geht aber weiter; und da brauchen wir eben die Bühne, wo wir für das Alltägliche eine Chiffre einsetzen. Was ist alltäglich, was ist alltäglich, was ist alltäglich … Was die Wessely gesagt hat: Jetzt müssen Sie weg, sonst bekommen Sie Angst vor der Literatur. Das ist es, das ist es! Ich habe ja die Alltagsstücke gehabt. Ich hab ja diese Stücke überhaupt nicht verstanden, ich hab sie nicht verstanden, ich habe überhaupt nicht verstanden, worum es da geht. Das war auch so, wenn ich Krimis gespielt hab; diese Konstruktion! Für mich ist *Othello* ein Krimi, *Macbeth* ist ein Krimi. Natürlich, wenn du sehr jung mit diesen Dingen vertraut wirst – ah – das ist der Kompass! Aber das andere … Ich musste mich da wirklich sehr, sehr bemühen, um ernsthaft zu arbeiten. *Pause* Sich um nichts den Kopf zerbrechen? Wenn's Dostojewski gibt?

Ich war zwanzig und Loek war siebenundzwanzig, da haben wir uns kennen gelernt. Ich habe von Loek Huisman sehr, sehr viel gewusst, weil am Reinhardt-Seminar die Legenden im Umlauf waren, von diesem Holländer und von seiner Begabung.

Ich stehe meiner Begabung ziemlich realistisch gegenüber, weil ich mein ganzes Leben seine Begabung gesehen habe. Ich könnte überhaupt nicht sagen, wofür der Loek Huisman nicht begabt ist; dieses Übermaß an Möglichkeiten, das er hat, hat natürlich von vornherein ausgeschlossen, dass er sich auf eine Sache voll und ganz konzentriert. Er kann schreiben, er kann komponieren, er kann malen, er kann alle handwerklichen Sachen, er versteht die Natur, er versteht die Tiere, und er versteht die Menschen. Er versteht die Menschen mehr als jeder andere Mensch, den ich auch kennen gelernt habe.

Ich habe natürlich sehr profitiert von einem Menschen, der quasi aus dem Angelsächsischen kam – a G'scherter wie ich. Wenn du aus Oberösterreich kommst, vom Attersee, dann bist du ja leider auch mit dem Provinztouch geschlagen; der muss erst einmal weg.

In unserem Leben ist alles anders, aber richtig, so wie's ist. Ich kann's nicht formulieren, absolut nicht. Wenn Sie wollen, was ist das Glück? Es ist das Glück einer Normalität. Viele Menschen beenden eine Beziehung, wenn sie finden, sie haben sich nichts mehr zu sagen. Da frage ich, worüber haben die geredet, diese Jahre? Hat sie nur beschäftigt, dass man sich ein Auto kauft, oder welche Reise man als nächstes macht? – Es ist natürlich bei uns so, dass man nicht annähernd zu allem kommt. Wir haben Generalthemen. Es vergeht nahezu kein Tag, an dem wir nicht, weil wir das wie ein Vademecum benützen, über Goethe reden. Er liest mir was vor, ich les ihm was vor. Das sind einfach unglaubliche Themen. Das sind die hohen Themen. Die anderen Themen sind der Garten, sind die Pflanzen, sind die Katzen und sind lebendige Menschen, sind vor allem Menschen. Ich hab Talent zur Freundschaft, und ich bin treu, treu, treu! Man kann sich auf mich verlassen. Das ist mir sehr wichtig. Und wenn der Loek zu mir sagt, du bist ein treuer Freund, dann sagt mir das sehr viel mehr als alles andere.

ᴍᴍ: Aber wie geht's Ihnen denn so mit der Gegenwartsliteratur? Wäre es für Sie nicht in Frage gekommen, zum Beispiel einen Thomas Bernhard oder Heiner Müller oder …

ᴍʜ: Thomas Bernhard schon, Heiner Müller weiß ich nicht, aber Thomas Bernhard hätte ich gern gespielt. Ich hätte gern *Elisabeth II.* gespielt, und zwar, weil ich glaube – und jetzt nicht nur an mich denke –, ich hätte gerne gehabt, dass die großen österreichischen Schauspieler das spielen. Ich hätte mir das sehr gut vorstellen können, weil es ist ja österreichisch geschrieben.

ᴍᴍ: Da waren Bernhards Schauspielervorlieben ein bisschen hinderlich. Ritter, Dene, Voss, Minetti …

ᴍʜ: Nein, nein, nein, aber das macht wirklich nichts, ich hab überhaupt nicht das Gefühl, dass mir irgendwas entgangen ist. Wenn es gewesen wär – das hätte mich interessiert. Aber ich habe nie gesagt, ich möchte eine Rolle spielen, mein ganzes Leben nicht, sondern ich habe mich manchmal gewundert, dass man auf mich kam, bei der Rolle. – Ja, das hat mich interessiert, dass jemand wie [Manfred] Wekwerth und Werner Mittenzwei finden, dass nur ich den Wallenstein, niemand anders den Wallenstein … Es war ja dann auch eine wirklich sehr, sehr gute, intelligente, spannende Arbeit, mit diesen Brechtianern den Schillertext zu machen; das war eine tolle Sache, das war schön.

Als mir der Benning sagte, *Wallenstein*, und die wollen dich unbedingt, da habe ich ihm gesagt, die irren sich, die verwechseln mich, ich muss mit denen reden. Ich flog nach Ost-Berlin, da war noch das Brecht-Büro, so wie's war im BE, das schöne, das strenge, gotische wunderbare Büro, und da saßen der Wekwerth, den ich damals kennen lernte, und der Werner Mittenzwei. Und ich sagte zu ihnen: Ich bin eigentlich nur hergekommen, um Sie sehr zu provozieren und uns alle vor etwas zu bewahren. – Aha, aha, also schießen Sie mal los. – Ja, ich muss Ihnen etwas sagen, sagte ich, was Ihnen wahrscheinlich als Letztes, wenn überhaupt, zu Schiller einfallen würde: Schiller ist für mich das Eleganteste, was ich in deutscher Sprache kenne. – Darauf war großes Schweigen. Das war meine Provokation: das Wort elegant. Und die schauten sich an, und der Mittenzwei, der sehr viel Humor

108

[Poststempel 14. 2. 1977]

Lieber Michael,

ich schreibe solche Briefe eigentlich nie, (das erklärt die Verzöge-
rung) aber es muss sein.

Die Presse zur »Heimkehr« war sehr unterschiedlich und nicht eben
erhebend, aber angesichts Pinters kann das gar nicht anders sein –
eine solche Aufführung muss Publikum und Presse spalten.

Aber ich möchte Dir – und Euch allen – danken. Dass Du Dich nicht
auf Deinen Namen, Dein Renommee verlassen hast und Dein außer-
ordentliches Können, sondern auf die ungemütlichen Schroffen und
gefährlichen Untiefen Pinters eingelassen, dass Du nicht die (publi-
kumssicheren) Wirkungen, sondern die weit weniger dankbaren
Widersprüche der Figur erarbeitet hast, ihre Traumas, Zwänge, Ängs-
te, ihre komplizierte Vergangenheit und nicht ihre zwielichtige
Gegenwart, daß Du einen beklemmend anmutigen Lenny zeigst,
von einer hinreißend schönen, ganz unaufwendig hergestellten kör-
perlichen Grazie und einer sprachlichen Nuancierung, denen man
einfach ausgeliefert ist.

Und Dank auch für Deine heiter- (und manchmal heiter-zornig-)
engagierte Probenarbeit! Ich hoffe, wir arbeiten wieder zusammen.

Herzlich
Peter Palitzsch

Bild links: *Endlich
ein Scheusal spielen:
MH als Zuhälter Lenny
in Pinters* Heimkehr,
1977

hat, lachte so ein bisschen, und der Wekwerth sagte: Also wer sagt's? Dann hat der Wekwerth gesagt: Elegant war das Lieblingswort von Brecht.

Das sind Sachen, die weiß niemand. Es wussten nur Brechtfreunde wie die beiden, dass dem Autor der *Mutter Courage* der Begriff elegant, nämlich was eine Form ist, so wichtig war.

Mich interessieren Begriffe, die im Moment in unserem Metier zu meinem Leidwesen nicht als Kriterien vorkommen: Eleganz, Allüre, Geheimnis. Ohne diese drei Begriffe schau ich Theater nicht zu. Wenn »det Janze«, wie die Berliner sagen, nichts von dem hat, interessiert es mich überhaupt nicht. Da war ich mir sehr einig mit Svjatoslav Richter und anderen Musikern – Stichwort Mozart. Man sagt heute viele Sachen über Mozart. Aber ich sag, das ist der Begriff von Eleganz, für den jetzige Leute wenig Sinn haben. Am englischen Theater ist das nie verloren gegangen, sonst könnte die Helen Mirren die Königin von England nicht so spielen – Sie verstehen, was ich meine? Bei uns wird chargiert, wenn wir so etwas machen. Wir können gar nicht sagen, wie die das machen. Was ist Stil, was der Cary Grant? Das sind die Leute, die mich interessieren, nicht diese Art Eleganz, die so den Stich des Eintänzers oder des Kommis hat.

MM: Es ist ein bisschen ein verfänglicher Begriff, nicht?

MH: Nein, für mich eben gar nicht. Er ist sehr verfänglich geworden, aber das ist nicht meine Schuld.

MM: Er ist missverständlich.

MH: Nein, für mich gar nicht. Für wen – genau darauf leg ich den Finger. Er ist missverständlich für Leute, die nichts von Eleganz verstehen. Ich kann es nur mit Beispielen sagen. Da ist das Beste das Lieblingswort von Bert Brecht. Also, was Besseres kann ich da gar nicht mehr liefern.

MM: Da ist Ihre Provokation aber ins Leere gegangen!

MH: Ja sowieso. – Nein, nein, damit war das Verständnis da; weil ich natürlich dachte, die aus dem Arbeiter- und Bauernstaat … das war das Klischee, dem der Heltau aufgesessen ist; *ich* bin ja einem Klischee aufgesessen, weil ich gemeint hab, das wird eine erdige Sache, die mit Schiller nichts mehr zu tun hat – in dem Sinn, dass Schiller das Gegenteil von Naturalismus ist, was eben auch Brecht sein wollte. Das Lieblingswort von Bert Brecht … Schöne Geschichte, nicht?

MM: Und wie war dann die Arbeit mit den beiden?

MH: Fabelhaft, wirklich intelligent. Intelligent. Alle diese Begriffe … beispielsweise dass etwas Brio haben muss. Schauen Sie, ich finde, ich bin der Letzte, der mit diesen Begriffen gelebt hat und noch nicht unter der Erde ist und für den noch immer Theaterkarten verkauft werden. Was mir so wichtig ist, was ich in diesem Buch festgehalten haben möchte: die Verluste, die ich sehe, diese irrsinnigen Verluste. Diese Verarmseligung, dieses Sich-Zurückziehen auf den letzten Zipfel, den man versteht. Anstatt zu sagen, lass dich doch auf die Größe ein! Macht euch die Klassiker doch nicht kleiner, für eure kleinen Mäuler und noch kleineren Spatzenhirne, ihr habt sie damit nicht! Streng dich an! Führe nicht das Unter-Sekretärinnen-Dasein und das Unter-Automechaniker-Dasein. Weil der versteht seine Schrauben. Aber Schiller, Shakespeare, Schnitzler … Nähere dich den, wie soll ich sagen, den großen Gedanken. Du kannst was dafür haben, auch für deine kleinen Miserabilitäten. Aber wenn du die großen Sachen klein machen willst, dann machst du sie miserabel und hast nix mehr davon. – Es ist in der Musik vollkommen klar. In der Musik, bevor sie Oper wird, ist es ganz klar. In der symphonischen Musik und in der Kammermusik ist es ganz klar. Da ist das Gesetz da. Die Siebente Beethoven ist die Siebente Beethoven. Die *Missa solemnis* ist die *Missa solemnis*. Du gehst heraus. – Gut, was haben Sie verstanden? – Da müsste der Ehrliche sagen: Das kann man doch nicht verstehen – *but*, aber … *Pause*

Verdi, ja, wenn Sie wollen, das ist meine Religion, ein großes Wort. Die Sinnlichkeit, die Schönheit, die unbeschreibliche. Ich kann in meinem Glück überhaupt nicht verstehen, dass man der Schönheit nicht hörig wird. Der Schönheit der Kinder. Es ist der einzige Grund, wo ich mir einrede, es ist gut, dass ich keine eigenen Kinder habe: weil ich so kinderverliebt bin, dass mir auch elf eigene nicht genügen würden! Ich schaue Kindern mit einer Hingabe zu, ich kann's nicht sagen; und auch alten, nicht verbitterten Menschen; das ist auch etwas, da kann ich schauen, schauen, schauen … Alten, die ein bisschen das eigene Leben auf den Platz bringen, auf den's gehört – wo man sagt, da muss man doch lachen. Auf den Platz ghört's nämlich, das eigene Leben, immer mehr, also so ein Stupf, net? Vor allem, wenn man diese Dinge erzählt, die nicht so gut gegangen sind, die muss man erzählen wie ein Dritter, da muss man doch lachen darüber, oder nicht? Und jemand, der das nicht kann, der hat es schwer. Verbitterten kann man nicht helfen, die legen Wert darauf, dass sie Recht haben in ihrer Ver-bitterheit, weil sie erzählen immer wieder die Gründe dafür, noch immer die Gründe.

MM: Es ist sicher auch eine Begabung, ob man aus der Verbitterung heraus-finden kann, in die man hineingeraten ist.

MH: Nur, ich bin ja kein Psychiater, ich hab überhaupt kein Freudsches Talent, kann ich Ihnen sagen. Ich mach's mit dem Duse-Satz: Wo du nicht lieben kannst, da geh vorüber.

Das liegt an dem Beruf: Es waren so viele Menschen in mich verliebt, Gott sei Dank wenige, die einen wirklichen Pecker haben. Aber ich habe eine Sache erlebt, fast unbeschreiblich. Es war ein Mädchen, mit wunderschö-nen Briefen, mit der schönsten Handschrift, die man sich vorstellen kann. Eine Schnitzler-Figur. Sie saß, wo immer ich spielte, im Akademietheater, im Burgtheater, in der ersten Reihe. Ein schönes Mädchen *Pause* – so; und schaute. Keine Reaktion war zu sehen, sagten mir die Kollegen.

MM: Hat sie nachher auch auf Sie gewartet?

MH: Selbstverständlich, aber es warteten auf mich so viele am Bühnen-türl … Man kann sagen, es war wie in Kainz-Zeiten. Aber diese … Damals fuhr beim Akademietheater noch die Straßenbahn vorbei. Und sie wartete wieder einmal, und sie stand so und hat mich angeschaut, immer nur stumm. Ich habe zwei- oder dreimal einen Dialog versucht, und da sagte ich mir, es ist wie ein Schnitzler-Stück. Abends vor der Vorstellung ihre Briefe, die immer da waren, schöne Briefe; irgendwie, wenn man gutwillig ist, tiefe

114

Briefe, aber auch unverständlich, von einer, wie soll ich sagen … Ausgeliefertheit, an jemanden, der gar nichts dazu tut, der nur auf der Welt ist; so waren diese Briefe. Ich habe ihr dann gesagt: Ich würde Ihnen so gerne helfen, ich kann es nicht, ich bin absolut in einem anderen Sinn so ohnmächtig wie Sie, wahrscheinlich. Und in dem Moment kam die Straßenbahn hinter ihr. Um Gottes willen! Das war wie ein *Nightmare*! Ich hab sie gehalten, bis die Straßenbahn vorbei war. Sie fuhr hinter ihr vorbei, so nah wie hier jetzt die Wand ist. Und ich bin kein Kitschier. Aber wenn die sich umgedreht hätte, weggegangen wäre, es wäre unweigerlich … so.
Pause Ich weiß nicht, wo sie ist, es hörte auf.

Bild links:
Der Schwierige;
Burgtheater, 1978

MM: Nach diesem Zwischenfall haben Sie sie nicht mehr gesehen?
MH: Ich habe sie Jahre gesehen. Aber irgendwann hörte es auf, ich weiß jetzt nimmer, wann. Das fiel dann auf durch die Kollegen, die sagten: Heut' ist sie nicht da; der Inspizient … – Ich sage Ihnen: Ich bin nicht vernarrt in mein Metier und in die Menschen meines Metiers, aber es sind die einzigen, die mich interessieren; alle anderen interessieren mich nicht. Es interessieren mich nur diese bunten Leute. Die anderen absolut nicht; absolut nicht, das ist mein Leben. Es findet nicht in der Bürgerlichkeit statt, nie.
Ich wurde einmal in einem Interview sehr, sehr früh gefragt, ob ich Schauspieler wichtig finde. Und da habe ich gesagt: Ja! Ich glaube, Schauspieler haben eine Wichtigkeit in einer Zeit für Menschen, die nicht mehr in die Kirche gehen und nicht zum Psychiater. *MM lacht* Durch die Geschichten, die wir verkörpern, konnte man manches verstehen, und ich glaube, weil ich sehr leidenschaftlich immer gespielt habe, weil ich sehr zerreißen und aufreißen konnte, konnten sich Menschen sehr identifizieren mit mir. Das ist ja eine Voraussetzung für den Beruf, natürlich, das ist ja gar nichts Besonderes, das muss ja so sein.

MM: Und wie gehen Sie grundsätzlich mit Verehrerinnen um?
MH: So gut ich kann. Ich antworte ein Mal, ein zweites Mal, aber dann nicht mehr.

```
1131ra bln      d
205td London gb          16 X 90   03  29
zczc gtn8451 lfe056 plf006
apbe co gblf 011
London/Lf 11/9/16 0100  BLN RA

michael heltau kurfurstendammtheater
westberlin                                   60


ich bin der anfangsapplaus
    elizabeth
```

```
desperate no reply. with you in heart and mind
    elizabeth
```

```
alles ehschonwissen ich auch umarmung
    elisabeth
```

```
overwhelmed and deeply deeply moved and grateful
elizabeth
```

```
mit himmelsblau imbett jedenacht innigendank
```

```
at last i know what flirt is thankyou love
    elizabeth
```

```
freude und liebe and offene arme und
    elizabeth
```

```
hier sitzt mein hintern heart and mind and soul im
raimundtheatre und am sulzweg nicht zu fassen glaubs nicht
```

```
bin entsetzt und entzuckt geschockt und begiestert
verblufft und verblodet
    leizabeth
```

MM: Man kann nicht so viele Korrespondenzen führen.

MH: Vor allem: Ich kann ja nichts sagen. Das ist genau die Geschichte, die ich gerade erzählt habe. Wenn ich jetzt ganz die Wahrheit sage: Interessant war ja nur das Phänomen, die Person doch nicht, das muss man nun einmal sagen!

Da war in der Josefstadt so eine junge Verehrerin, also eine sehr frühe, die auch in allen Vorstellungen war. Und wie ich *Die Leiden des jungen Werther* gelesen hab, hat sie sehr wienerisch g'sagt: Jetzt hab i mi scho so g'freut, dass Sie amal nimmer sterb'n – weil ich auf der Bühne so oft starb in den Rollen – und jetzt les'n S' a Krankeng'schicht. – *Die Leiden des jungen Werther*.

Auch der Satz der Wessely, wie ich den Jago gespielt hab, in München, mit dem Palitzsch war das [1982]; ich hab sofort gewusst, das würde in Wien nie gut ausgehen. Er wollte, dass ich den Jago spiele. Ich habe das getan mit dem Rehberg und der Sukowa, und ich habe auch erfreuliche Reaktionen gehabt. Der Tankred Dorst kam in meine Garderobe, der kannte die Sukowa, und die Sukowa sagte: Geh in die Garderobe und sag es ihm! Weil ich wurde ausgebuht von Leuten – der Sympathieträger, *Liedercircus*, alles das.

MM: Das war gegen Ihr Image.

MH: Dann kam ich nach der zehnten oder zwölften Vorstellung raus, da stand eine sehr fesche Person mit so einem Arm voll Rosen, aber mit einem nicht strahlenden Gesicht. Und ich sagte: Ich sehe, Sie sind nicht sehr glücklich. Dann sagte sie, auf bayerisch: Ja, des kaun ma ned so sogn, oba schaun S', es gibt so vüi, de ma ned mog, und daun mog ma oamoi oan, und daun mocht a des. – Und dann spielt er den Jago!

MM: Und was hat die Wessely gesagt?

MH: Das hab ich der Wessely erzählt, und da hat die Paula gesagt, die das ja auch oft gewollt hätte: Ja nicht! Wenn man so stark ist wie du, dann kann man nicht gegen sich selbst spielen. – Das kann man nicht erklären. Gegen die eigene Ausstrahlung kann man nicht spielen, gegen das, was die Leute

120

als erstes von einem wahrnehmen. Wenn du Sympathie auslöst – und das hat die Wessely getan, und das hab ich getan –, dann kannst du mit dieser Sympathie Abenteuer machen, aber du kannst nicht vom Anfang bis zum Schluss einer sein, der am Schluss gehasst wird. Mir gelang es nicht. Bei der *Heimkehr* von Pinter war das anders; der Lenny ist nicht so ein Schwarzer wie der Jago, da ging ein Großteil des Publikums lachend heim, ich hatte fulminante Kritiken. Aber es gab auch Leute, die standen vor dem Theater und sagten Sätze wie: Ob ich das spielen habe müssen. Ich habe gesagt: Nein, ich habe es mir ausgesucht! – Die Leute haben sich entschlossen, den zu lieben, das ist alles legitim. Theater funktioniert so. Theater funktioniert doch nicht wie ein Hörsaal in der Theaterwissenschaft.

MM: Wir haben über das Thema Rollen unter dem Aspekt ja schon gesprochen. Ich habe den Eindruck, dass es Ihnen sehr wichtig war, auch Rollen zu spielen, wo Sie nicht nur der Schwiegersohn der Nation sind.
MH: Schwiegersohn der Nation war nie die Gefahr. Da waren die Stoffe zu gut. Der Carlos kann nicht der Schwiegersohn der Nation sein. Und der König Heinrich wieder nicht. Die bewussten Rollen waren ja abgehakt in der Josefstadt, das war ja nur die kürzeste Zeit meines Lebens, das waren vielleicht fünf Jahre, aber dann waren es Troilus und Hamlet.
Den Hamlet kannst du, und das ist ja das Gute an diesen Rollen, und das ist ein guter Gedanke, den ich jetzt habe: diese Rollen, diese Themen sind nicht an die Hand zu nehmen. Du kannst dich von ihnen an der Hand nehmen lassen, aber du kannst sie nicht an die Hand nehmen. Das ist der Unterschied, wenn du diese großen Themen spielst. Also Schwiegersohn der Nation … Ich wollte interessante Rollen spielen, und die hab ich gespielt.

MM: Ich bin mir jetzt nicht sicher, ob ich Sie richtig verstanden habe, aber es klang so, als würden Sie es als eine Fehlentscheidung betrachten, dass Sie den Jago gespielt haben.
MH: Nein, nichts war eine Fehlentscheidung, keine, nicht eine. Nicht eine. Dafür gebe ich der Sache im ganzen Leben nicht diese Bedeutung, sondern

ich sage, es geht etwas drei Rollen später auf, wo der Grundstock gelegt wurde, als ich noch nicht weit genug war. Hamlet sagt, in Bereitschaft sein ist alles, und das ist es: Du musst bereit sein. Und die ganze Konstellation muss bereit sein. Aber ich glaube, es kann ja überhaupt keine Frage mehr sein, ob der Heltau sich entwickelt hat. Wenn es *Kinder der Sonne* ist, wenn es der Heinrich von Pirandello ist, wenn es *Der einsame Weg* ist …

 MM: Nein, das steht doch völlig außer Streit. Da gibt es sicher ein ganz großes Kompendium …

MH: … es kann nicht größer sein, darauf lege ich den Wert. Es kann durch den Prospero im *Sturm* oder den König Lear nicht größer sein als die Welt, in der ein Schauspieler sich bewegt. Es kommt etwas ein paar Jahre später, wieder in dieser Welt. Aber, Moment!, in dieser Größe der Welt! Diese Größe bemühe ich mich nicht mehr zu verlassen. Darum mache ich überhaupt das, was man Unterhaltung nennt. Auch wenn ich nicht Shakespeare spiele, versuche ich, in den Themen, die ich verwende, bei Brel oder bei Brecht-Songs, diese Welt nicht zu verlassen.

MM: Ja, das sehe ich auch, wenn ich Sie auf der Bühne sehe. Aber Sie haben ja zum Teil selbst neue Facetten gesucht, zum Beispiel in der *Trilogie der Sommerfrische*, wo Sie nicht den Liebhaber, sondern den Schmarotzer spielen wollten.

MH: Ganz klar. Es ist so: Ich habe gesagt, für alles, was ich spiele, muss es Belege geben. Und es gibt eben, scheint's, das absolute Schwarz, wenn man es in der Farbenskala eines Schauspielers ausdrückt. Das absolute Schwarz steht mir nicht zur Verfügung; das ist das, was die Wessely im Zusammenhang mit dem Jago sagen wollte. Palitzsch wollte mich, nachdem ich hier mit ihm *Heimkehr* gemacht hatte – aber der Lenny in der *Heimkehr* hat ein Schicksal.

MM: Jago hat kein Schicksal.

MH: Das Schicksal des Jago war auch durch die Besetzung mit mir nicht so neu. Da entstand durch die Besetzung mit mir nichts Neues.

Bergner kam extra aus London, um die Generalprobe zu sehen. Ich habe versucht, wenn ich für mich allein war, wenn der Jago für sich allein auf der Bühne war, ein elementares, ja sagen wir, ein orgiastisches Vergnügen zu bringen, dass etwas Grausliches funktionieren soll. Da habe ich gemerkt, merken müssen, nicht, wenn ich es gemacht hab, aber im Nachhinein zur Kenntnis nehmen müssen: Das haben mir die Leute nicht geglaubt.

MM: Das »haben« Sie nicht.

MH: Ja, das mein ich, da hab ich keinen Beleg. Das hab ich zwar mit der Phantasie, aber Phantasie ist nicht alles. Die Phantasie ist das, was dich dem Ziel näherbringt, irgendwann bist du da, dann strahlst du's aus. Vielleicht hab ich dann auch zu viel gemacht, was weiß ich.

Nein, nein, ich habe immer die Grenzbereiche gesucht. *Heinrich IV.* von Pirandello – da hab ich nur die Grenzen gesucht. Aber da war ein Schicksal. Wenn dir der Autor irgendwann diese Möglichkeit einer Entwicklung gibt, und wenn es noch so klein und verschüttet ist – wo Čechov so ein Meister ist –, da kannst du dazwischen alles machen. Und die Bergnerische hat das sofort gewusst.

MM: Was hat sie zum Jago gesagt?

MH: Die Bergner hat gesagt, sie fand mich gut, aber sie hat verstanden, dass es bei den Leuten nicht ankam, sie hat gesagt, wenn niemand etwas von dir wüsste, und nicht diese Parallelkarriere wäre … da war ja mein *Liedercircus* jeden Monat zwei Mal, oder drei oder vier Mal.

MM: Das ist natürlich eine starke Diskrepanz.

MH: Wie bringst du das zusammen? Vielleicht fanden sie, das war eine Mache, was es wirklich nicht war.

MM: Ich glaube, so kompliziert war das gar nicht gedacht, sondern man hat Sie geliebt in diesem anderen Genre …

MH: Was die gesagt hat, am Bühnentürl.

Aber *Heimkehr*, das war so der Anfang, wo ich solche Sachen endlich spielen konnte, Gott sei Dank! Da muss ich dem Palitzsch wirklich danken, der war intelligent genug, da war ich sehr sehr froh. Ich wollte das.

Und in den jungen Rollen habe ich bewiesen, dass ich's eben wirklich neu und anders gespielt habe als man sie bis dahin gespielt hat. Kein jugendlicher Held war bei mir harmlos, keiner, keiner, keiner. Also, da war ich schon berühmt dafür. Mich hat parallel dazu die englische Literatur interessiert, aber die zornigen jungen Männer, die gab's doch immer! – *Dialekt* Wenn Schiller ka zorniger junger Mann war, dann war kaner mehr a zorniger junger Mann!

Gespräch am 9. Mai 2007 im Café im Schottenstift

Im Juli 1976 erschien in der Londoner *Times* ein ausführlicher Bericht über das Burgtheater und sein künstlerisches Profil in der Direktion von Gerhard Klingenberg, konkretisiert anhand der Aufführungen von Nestroys *Der Zerrissene* und Shakespeares *Richard II.* (in der spektakulären Ausstattung von John Napier, der das Stück auf einer riesigen Metalltreppe ansiedelte, und dem Lichtdesign von David Hersey, den MH für seine ersten Shows engagierte.) Harold Prince, der mit MH zu diesem Zeitpunkt *Das Phantom der Oper* am Broadway plante, hat seinem damaligen Wunschkandidaten diesen Artikel übermittelt, in dem es unter anderem heißt:

»Star in beiden Aufführungen war Michael Heltau, der im Moment den weitaus wertvollsten Besitz des Burgtheaters darstellt. Heltaus Stimme ist ein Instrument, das jede Regung ausdrückt. Sein Richard ist keine Spur ein Taktiker; er ist ein König, der recht früh im Stück begreift, dass sein Weg nur abwärts führt, und die wehleidigen Töne des Beginns wandeln sich zum gereiften Klang von Ironie und Selbstkritik. Eine fatalistische, noble Darstellung ohne jede Selbstgefälligkeit.

Man kann Heltau drei- oder viermal die Woche im Burgtheater sehen, und an diesen Abenden ist das Haus bis auf den letzten Platz besetzt. Dazwischen zeigt er, an weniger etablierten Orten, assistiert von einer neunköpfigen Band, seine One-Man-Show. Das hat sich aus einem Jacques Brel-Album und einer Fernseh-Show entwickelt, und Heltau erweist sich hier als virtuoser Unterhaltungskünstler, eine männliche Liza Minnelli, bis hin zum schwarzen Zylinder. *Der blaue Engel* titelte unlängst ein Magazin über ihn und sein Programm.

Das wirft die Frage auf: Wohin geht Michael Heltau? Verlässt er das Burgtheater zugunsten der musikalischen Unterhaltung? Darauf gibt es im Moment keine Antwort, obwohl von einem Broadway Musical mit Texten von Stephen Sondheim die Rede ist, produziert vom *Chorus-Line*-erfahrenen Michael Bennett. Doch nächste Saison kehrt Heltau ans Burgtheater zurück …«

Heinz Rühmann 23.1.1981

Lieber Michael Heltau,

schon nach der vorletzten Sendung wollte ich Ihnen schreiben, aber jetzt nach der letzten im Raimundtheater muss ich
Ihnen sagen, wie begeistert und beglückt meine Frau und
ich waren. Alte Lieder werden neu und in die heutige Zeit
umgesetzt; ein intelligentes und gescheites Verfahren. Man
weiss nicht, welchem man den Vorzug geben soll, wunderbar
ernste waren dabei.
Sie haben Ihren, Ihnen eigenen Stil gefunden, verlassen ihn
aber, wenn es Ihnen passt, und es passt auch dann wieder.
Ich beglückwünsche Sie zu diesem Weg und würde mich
sehr freuen, wenn wir uns mal sehen.

Meine Frau und ich grüßen Sie sehr,
Ihr H. Rühmann

4 Ich bin wie ich bin und leb so wie ich bin

Das Café, in dem wir verabredet sind, ist wegen der großen Hitze draußen angenehm leer. Der russische Präsident Vladimir Putin weilt auf Staatsbesuch in Österreich und hat aktuell mit einer kritischen Anmerkung zur österreichischen Asylpolitik Aufsehen erregt. MH nimmt das zum Anlass für eine Abrechnung mit dem gesellschaftlichen Klima in Österreich, das er mit jenem in Italien vergleicht.

Bild links: Privat, gesehen von Gabriela Brandenstein; Salmannsdorf, 1987

MH: Italien ist kein fremdenfeindliches Land. Italien ist ein lebendes, fröhliches Land. Ich kenn das Leben in Italien wirklich am besten, nach meinem Leben hier. Wenn Sie das Leben in Italien mit dem Leben in Österreich vergleichen …

MM: Ich weiß nicht, ob das Leben für Flüchtlinge, die aus Afrika übers Meer nach Lampedusa kommen, lustiger ist als das Leben in Traiskirchen.
MH: Da kommen aber viel mehr Flüchtlinge!

MM: Ich glaube, das kann man nicht gegeneinander aufrechnen.
MH: Nein, aber im Vergleich zu Ländern wie beispielsweis Spanien, die mit einem Flüchtlingsproblem umzugehen haben, und auch Italien, da kann Österreich nur sagen: Wir haben keines.

MM: Von den Ausmaßen her sicher.
MH: Und von den Ausmaßen muss man reden!

MM: Sie sagen, Österreich ist vom Katholizismus vereinnahmt?
MH: Ja, absolut, absolut. Sagen Sie mir etwas dagegen!

мм: Der Katholizismus spielt nach meinem Erleben in Italien eine größere Rolle als in Österreich.

мн: Eine viel mehr eingeordnete Rolle, keine so lähmende Rolle. Italien ist leben und leben lassen, Italien ist ein gastfreundliches Land.

мм: Das stimmt: Leben und leben lassen ist bei uns nicht die Devise.

мн: Aber darum geht's doch, und ich finde, Österreich ist ein so reiches Land, ein Land mit so vielen Talenten, und die Talente, die hierher gekommen sind, die sind immer in der Mischung gewesen. Das Jüdische! Und warum ist man dann so bös. Der Antisemitismus, dass der hier besonders stark ist und nicht aufgearbeitet …

мм: Aber glauben Sie nicht, dass diese feindselige Haltung gegen alles »Fremde« auch stark mit dem österreichischen Identitätsproblem nach dem Zusammenbruch der Monarchie zu tun hat? Stichwort Habsburgischer Mythos? Dieses Land hat ja überhaupt kein Selbstbewusstsein, weil es kein Selbstverständnis hat.

мн: Ja, aber Ihre Einsichten setzen Intelligenz voraus. Dafür braucht man eben Intelligenz, um dagegen etwas tun zu können … Die Aufklärung von Joseph II. in Österreich war eine der kürzesten und leider absolut wirkungslos, weil die Macht der katholischen Kirche in diesem Land ist grenzenlos. Das ist Österreich!

мм: Ich glaube nicht, dass die Kirche in Italien intern anders ausschaut.

мн: Nein, aber die Menschen erfahren das anders, beispielsweis wie sie die Kinder hinführen: Weil es so schön ist, und sie gehen hin, um die Kunst zu sehen!

мм: Diese Bereiche sind ja auch wirklich faszinierend.

мн: Das war's eben. Ich hab mir ja genommen, was ich brauch. Ich hab mir das Theater genommen, ich hab mir die Sinnlichkeit genommen. Die Künstler haben sie gebracht, die Sinnlichkeit, und ohne Sinnlichkeit … ich kann mir überhaupt nicht vorstellen, dass es etwas gäbe, was mich interessiert, ohne das. Es wird für mich erst wahrnehmbar über die Sinne, alles! Alles! Und der Intellekt … In den Intellekt retten sich die Menschen ohne Phantasie, die sagen, jetzt muss ich aber viel denken, ich muss viel denken, und muss möglichst viel lesen …

Ich bin ein Mann mit fast vierundsiebzig, aber ich glaub, ich hab besser zugeschaut, oder: nicht bewusst zugeschaut, aber mitbekommen, (flüstert): grade für die Mädeln, die Frauen, also wenn ein Mädel zur Frau wird – das beschreibt ja die ganze Literatur, Horváth, da heißt es ja schon von vornherein: Dass d' ka Hur wirst! – Sie verstehen, was ich mein'.

MM: Natürlich ist diese Lust- und Sexualitätfeindlichkeit der Kirche die Ursache von großem Unglück durch die Jahrhunderte. Wenn Sie aber das Unglück der Frauen ansprechen, wie es Horváth eben schildert, oder wie es auch bei Schnitzler geschildert ist, dann fällt mir dazu etwas ein, was Kronprinz Rudolf an Moriz Szeps geschrieben hat: Das krumme Pferd und das zu Tode gebrochene Mädchen gehören beide in dieselbe Kategorie: Sport.

MH: Naja, das ist Gesellschaft, das ist Gesellschaft. Nur: Dagegen tut die Kirche überhaupt nichts. Sie haben ja den Frauen bei uns so geschadet, dass es bis auf die Attraktivität gegangen ist. Warum sind Frauen in Italien so attraktiv?

MM: Warum?

MH: Weil sie leben, weil sie leben!

Es ist selbstverständlich alles hundertprozentig subjektiv. Ich finde hier in Österreich attraktive Frauen, aber ich finde in Italien *alle* attraktiv. Das ist jetzt sicher auf die Spitze getrieben, aber ich finde auch die *nonnas* attraktiv, die siebzig und achtzig sind, und ich finde etwas ganz Merkwürdiges: In Italien hab ich es nie erlebt, dass eine Frau zu einer andern nicht liebenswürdig ist, da gibt's keine böse Freundin. Und hier, hier … *MM schneidet eine Grimasse des Zweifels* nein, machen S' nicht a G'sicht, ich weiß es ja, ich bin mit der Valentina Cortese ein Leben befreundet. Wenn man über die Kinder redet, die sie haben, sind sie so begeistert, da weiß man nicht, welches

Kind ist von welcher, weil das aufgehoben ist. *zornig* Nein, nein, das möchte
ich wirklich betonen. Hier, das ist doch Neid, Neid, Neid, aber das ist doch
net meine Erfindung, bitte, das ist hier doch eine Neidgesellschaft,
unglaublich! Es hat der [Hans Peter] Heinzl einmal gesagt, Gott hab ihn
selig: Hier sind's einem noch um den Krebs neidig. Das hat er gesagt; das
war der Kabarettist, der Bauchspeicheldrüsenkrebs hatte.

MM: Ja, ich weiß.
MH: Nein, also, die italienischen Frauen! Es ist auch nie schlüpfrig. Ich liebe
den Flirt, dass Augen etwas sehen und man das schön findet, und ich schau
die Frau an und sag *spielt*: *Buon giorno!* – Ein Umgang, eine Allüre, eine
Allüre …

MM: Das ist sicher hier nicht so.
MH: Ich möchte, dass von mir etwas herauskommt: dass ich dem Leben
immer zugeschaut habe. Sehr zugeschaut. Liebend, kritisch, angewidert,
verliebt, alle diese Blicke sind's, verliebt … aber manchmal muss ich mich
von dem Mief erholen, von dem Mief, für den ich die katholische Kirche
verantwortlich mache, und die Parteien, und die offiziellen Personen, die
sich ganz unter diesen Fronleichnamshimmel stellen bei den Prozessionen.
Als die ÖVP eine Wallfahrt machte, nach Mariazell, da hat Ulrich Weinzierl
in der *Welt* geschrieben: Die Ministerin für Gesundheit und Frauen im
Kampf-Dirndl. – Das sind die Leute, die das sagen, was ich mir denke, das
gefällt mir halt sehr, das gefällt mir halt sehr. Und Leute wie Kardinal König,
mit denen man eine so unglaubliche Erwartung verbunden hat, wo man
gesagt hat, ja, jetzt, jetzt, jetzt, jetzt ändert sich was – das geht immer wieder
vorbei. Leider. Und wenn Sie mich fragen, haben Sie gar nix von denen
bekommen: Doch, ich hab für die Augen so viel bekommen, für die Ohren
so viel bekommen, für die Nase den Weihrauch bekommen, hab zum ersten
Mal Orient gerochen, ich wusste nur nicht, es ist Orient. Die Zeder des
Libanon.
Auch meine Mutter hat sich aus der Religion das genommen, was schön
daran war. – Mich wollten sie unbedingt zum Pfarrer machen, natürlich,

ich war Ministrant, ganz klassisch, bayerisch katholisch – aber bayerischer Katholizismus ist heiterer als der österreichische, marianisch. Der nimmt sich alles von der Frau, von der Maria, ein bissel wie der italienische. Das ist geschickt, weil es fürs Leben was bringt. Das Weib bringt was.

MM: *lacht* Danke!

MH: Also, ich kann schon etwas Positives sagen, aber es ist mir, wodurch auch immer, gelungen, unabhängig zu bleiben. Dadurch, dass ich nie in Bürgerlichkeit gelebt habe! Meine Großfamilie war das Unbürgerlichste, was es gibt, da war eine Freiheit, von Anfang an. Ich hab Ihnen gesagt, Armut kann nicht größer sein, Reichtum aber schon keinesfalls größer, als ich es hatte, nämlich an Zuwendung, an Lassen, an Geschehenlassen, an sich gegenseitig Anschauen: ein Zweieinhalbjähriger, achtzigjährige Urgroßeltern, da kriegst du ein Menschenbild mit, auch im Verhältnis zu der eigenen, achtzehneinhalbjährigen Mutter. Das ist ja unglaublich, dieses Angebot! Und von da ab war ich … gerettet, ich kam in die Welt des Theaters, und ich muss Ihnen sagen, wirklich auch überspitzt: In der Theaterwelt, im Metier, nenne ich es jetzt einmal, im Künstlerischen, bei denen, die singen, tanzen, malen, schreiben, Theater spielen, ist keinesfalls alles in Ordnung, und da gibt's solche und solche und solche und solche. Aber wenn Sie mich fragen, möchten Sie lieber in der bürgerlichen Welt leben, dann sag ich: Nein, bitte, jetzt sofort sterben. Mich interessiert nicht, wie diese Leute leben.

Mich interessiert das Leben, mich interessiert das Leben. Aber ich glaube nicht, dass jemand mehr vom Leben weiß, weil er viele Leute kennt. Da lügt man sich selbst an. Man kriegt das Leben automatisch mit. Ich glaube, die Schicksale sind nicht so verschieden, es geht vielmehr, wie Schnitzler sagt, um den Typus. Ich glaub, wir sind alle ein Typus, und wie es zu etwas kommt, ist unwesentlich. Ich sage immer, eine Schauspielerbiographie ist langweilig. Entweder man kriegt eine Rolle, oder man kriegt sie nicht, man hat einen Erfolg, oder man hat keinen. So ist es für alle Menschen, so ist es für alle Menschen. Entweder eine Frau kriegt Kinder, oder sie kriegt keine Kinder, sie kriegt einen Mann, oder sie kriegt keinen Mann, sie ist glücklich in der Ehe oder sie ist nicht glücklich in der Ehe. Dann hat sie, wie heißt das jetzt, Teilzeitpartner …

MM: Lebensabschnittspartner!

MH: Lebensabschnittspartner, genau, so ist es besser *MM lacht, MH lacht auch ein bisschen* … Teilzeitbeschäftigung …

MM: *lacht* Da könnte man jetzt diskutieren, was man sich vorstellen kann, unter einem Teilzeitpartner.

MH: *ernsthaft* Wenn Sie mich auf meinen Beruf ansprechen, wo ich die Erfahrung für meine Rollen hernehme – na, von den Dichtern natürlich, das ist doch ganz klar.

MM: Das ist doch nur bedrucktes Papier.

MH: *schweigt; dann ruhig* Ja, wenn Sie die Tageszeitung hernehmen, schon. Wenn Sie Čechov als bedrucktes Papier … *MM lacht* das ist lebendiges Leben, das ist lebendiges Leben, und es einfach so: Es ist ein Schicksal erst dann fürs Theater, für die Bühne da, wenn es formuliert ist. Wenn der sehr weint, auf der Bühne, dann will man wissen, warum er weint. Reinhardt hat gesagt, nicht die Träne ist interessant, sondern der Kampf gegen die Träne. Da will ich wissen, was ist es. Warum ist der Horváth so groß? Weil er es formuliert hat. Wir spielen seit Jahrhunderten Shakespeare, wir werden Čechov natürlich ewig spielen, die alten Griechen sowieso …

MM: Jetzt möchte ich eine Unterscheidung treffen, die mir ganz wichtig ist: Natürlich, wenn ich ins Theater geh, wenn ich ein Buch les, wenn ich einen Film seh, dann will ich sehen, wie es gestaltet ist. Und natürlich, für Sie ist es das Thema: Wie ist es gestaltet, künstlerisch gestaltet. Nur, das eine ist die künstlerische Gestaltung, und das andere ist das Material, von dem diese Gestaltung ausgeht. Und Sie können doch nicht sagen – verzeihen Sie, wenn ich Ihnen unabsichtlich etwas unterstelle – das Material, von dem Čechov ausgegangen ist, in seiner Anschauung, sind Menschen …

MH: *gleichzeitig* sind Menschen …

MM: *zornig* … aber mi interessiert nur, was der Čechov draus gemacht hat. *ruhig* Das können Sie doch nicht meinen, oder?

MH: Nein, Moment: Ich erkenne sie erst wirklich durch den Čechov.

MM: Gut, einverstanden, ja!

MH: Ich erkenne sie, auf einmal, dadurch versteh ich alles. Es ist ja der tiefe Blick. Der tiefe Blick macht mir die Menschen begreifbar, und diesen tiefen Blick kann ich mir doch nicht anmaßen zu haben, nur weil ich mit vielen Leuten rede. Da kriegst du doch nur die Oberfläche mit. Durch den Dichter können wir, wenn wir Glück haben, tiefer kommen.

MM: Ja, aber deswegen ist ein einzelner Mensch, wenn er mir als Individuum begegnet, doch trotzdem interessant, oder?

MH: Naja, es sind sehr wenige, die mir begegnet sind … Haben Sie viele Freunde, hat man mich gefragt, da war ich noch nicht vierzig. Hab ich gesagt: Nein, eigentlich nicht, weil ich möchte nur so viele Freunde haben, dass ich für alle da sein kann, wenn sie mich brauchen. Und da kannst du nicht sehr, sehr viele haben. Und so hab ich's gemacht, so hab ich gelebt. Ich habe die wunderbarsten Menschen getroffen, aber da muss ich Ihnen auch sagen, das sind alles Menschen, die ihr Leben nicht geschwindelt haben. Da gehört die Barbara Schubczik dazu, und die Helene Thimig, und meine Urgroßmutter und meine Mutter … das reicht mir, und das hat mir den Kompass gestellt.

MM: Die Personen, die Sie eben genannt haben, bezeichnen Sie als Ihre Freunde?

MH: Ja, selbstverständlich.

MM: Ihre Mutter?

MH: Ja, selbstverständlich, na selbstverständlich. Freundschaft hat ja verschiedene Gesichter, das war ja keine abgehandelte G'schicht, das ist die Mutter und drum passiert da nix mehr, das wär' ja entsetzlich für mich gewesen. Sondern das ist die Mutter, und die ist achtzehn, wie ich auf die

Welt komme, und dann ist sie mit siebenundachtzig gestorben, und da war immer was los, und keineswegs, wie ich Ihnen schon gesagt hab, auf die für mich bequemste und angenehmste Art; schon dass sie mir beispielsweis nicht im konventionellen Sinn ihre Anerkennung gezeigt hat.

mm: Ich muss ein bissel genauer fragen, weil ich mich nicht auskenne. Ich hab den Eindruck bekommen, dass das eine vielleicht schon sehr innige, aber auch distante Beziehung gewesen ist, zu Ihrer Mutter. Sie haben sie nicht oft gesehen, sie haben sich nicht geschrieben, sie ist nicht zu Ihren Premieren gekommen …

mh: Na, doch, doch geschrieben schon, immer telefoniert, aber sie kam nicht zu den Premieren. Sie war beim Konzert in der Wiener Staatsoper. Sie hat in Etappen, wie es sich ergeben hat, aber wie es sich ergeben hat, nicht geplant, die großen Rollen gesehen, sie hat ein paar Konzerte von mir gehört und so … *grantig* Wissen Sie, mir ist die Intimität von allem das wichtigste, und Intimität stellt sich nur ein über *flüstert* Zeit, Zeit, Zeit. Du kannst nicht klopfen und sagen, es macht auf, sondern die Intimität kommt erst über eine lange Zeit, und dann hört es auch nicht auf, wenn die Leute nicht mehr da sind.

Natürlich begreift man vieles erst im Nachhinein, das ist so. Immer wieder staune ich, in dem Moment. Man glaubt, man ist ein Leben lang mit jemandem zusammen, oder befreundet, sehr, sehr eng, und dann ist dieser Moment, dass die durch die Tür da hinausgehen, und auf einmal ist es anders. Ich staune, es ist immer wieder so. Und ich bin sehr bewusst, in diesen wenigen Beziehungen, ich will das wirklich alles verstehen, so viel wie möglich verstehen, net alles, aber so viel wie möglich verstehen von einem Menschen. Und wenn das zu Lebzeiten eine Beziehung war, dann kriegt man ein unendliches Geschenk, in dem Moment, wenn die weg sind. Da geht so vieles auf und klärt sich so vieles.

Das hab ich im Nachhinein von meiner Mutter sehr gelernt: Laß den Menschen ihren Raum! Ich hab natürlich immer gesagt, willst net kommen, Mama, alles dieses Zeugs … beispielsweis das Haus hier; der Vater hat das Haus natürlich auch noch erlebt. Na, also, jetzt kommt's, hab ich ihnen gesagt, und ich war hartnäckig, weil es so schön ist, und es war noch gar nicht so weit, aber man ist einfach sehr stolz.

мм: Wann war's denn fertig?

мн: *rechnet kurz* 1973, aber ich hatte vorher schon das Bauernhaus in Tirol, und da waren sie auch. Man musste meine Mutter verstehen … sie hat wieder nicht so gezeigt, wie sie sich freut, weil sie Angst um mich hatte. Weil sie sich gedacht hat, hoffentlich schafft er das. Und sie hat sich natürlich gedacht, aber es mir nicht gesagt, was ist, wennst krank wirst, was ist, wenn du keine Engagements mehr hast? Ich war immer sehr ohne Netz, das hat sie gewusst. Wenn du jung bist, wischst du das weg. Als ich zum ersten Mal am Burgtheater engagiert war – Na, und warum bist jetzt wieder weggegangen? – I mag net. So ist das. Man kann doch von der eigenen Mutter viel fürs Leben erfahren.

Ich hab meinen Beruf nicht gesucht, und ich hab das Leben nicht gesucht, das Leben kam zu mir, das Leben kommt. Und es kam durch die Menschen, es kam durch die Menschen, ununterbrochen, bis zum heutigen Tag. Um es jetzt übertrieben zu sagen: Ich muss nicht unter die Leut' gehen, weil da bist ja nur unter die Leut', aber net bei die Menschen. Und du kommst nicht zur Intimität.

Wenn du mit Menschen immer beisammen bist, werden sie immer wieder neu. Ob das die Helene war, ob das die Bergner war, also alle meine Freundinnen und Freunde, ob's der Edthofer war, ob's der Jaray war, ob's der Poldo Rudolf war – je intimer man mit ihnen war, desto fremdere Momente hat es immer wieder gegeben – weil du sie so gut kanntest und dir eingebildet hast, du weißt von ihnen wirklich alles. Strehler hat immer gesagt: *fratelli*; er und ich, wir sind Geschwister. Aber je besser man sich kannte, desto mehr musste man immer wieder staunen, und die auch über mich. Jahre später hat mir der Loek gesagt: Also, was du damals gesagt hast, ich glaub, jetzt versteh ich's; genauso der Giorgio.

Der Loek hat die Helene Thimig etwas gefragt: Wie werden wir denn da leben, wenn wir zusammen im Haus sind? Und da hat die Helene Thimig gesagt: Wie die Katzen! Aufeinander steigen und uns nicht weh tun.

MM: Ein wunderbares Bild! Wann ist denn Helene Thimig zu Ihnen ins Haus gezogen?

MH: Wir haben es geplant, weil sie natürlich wusste, wie ich lebe. Ich hab immer Wohnungen gehabt, weil ich muss leben, *schlägt auf den Tisch* ich muss leben, ich muss wissen, wo ich bin, woher ich komm. Ich konnte nie ins Theater kommen, ohne von zu Hause zu kommen. Die Male, die ich aus dem Film- oder aus dem Fernsehstudio kam, mag ich bis zum heutigen Tag nicht. Ich muss von zu Hause kommen. Ich muss aus meinem Privatissimum kommen.

MM: Und wie hat sich das mit Helene Thimig ergeben, war das ihr Wunsch?

MH: Nein, komischerweise, obwohl die Helene gar nicht scheu ist [sic!], aber in diesem einen Fall preschte der Edthofer vor. Der Edthofer, der Toni; der hat auch gesagt, zu mir und zum Loek: Jetzt weiß ich, warum ich keine Söhne habe, ihr zwei seid's es … Das ist so ein Glück, ich kann ja mein Glück gar nicht schildern!

MM: Helene Thimig und Anton Edthofer, stelle ich mir vor, waren ein bisschen Ihre Reserve-Eltern, in Wien.

MH: Nein, nein. Die besten Freunde, die besten Freunde. Das ist ein guter Satz. Es waren ja auch meine Eltern dann später nicht mehr meine Eltern. Damit haben Sie mir jetzt sehr geholfen.

MM: Ich denke, Sie haben grundsätzlich keine so typische Eltern-Beziehung gehabt. Weil Ihre Eltern so jung waren, sind Sie nicht im üblichen Eltern-Kind-Verhältnis aufgewachsen.

MH: Absolut nicht. Und ich glaub, das war für uns, für mich und meine Geschwister, sehr, sehr gut, weil dadurch war sofort einerseits Freiheit gegeben und andererseits Verantwortung gegeben. Natürlich haben wir Papa und Mama gesagt, das ist schon klar, Georg und Jakobine haben wir nicht gesagt. Vielleicht ist das auch durch diese Großfamilie entstanden, Urgroßeltern, Großeltern, Eltern – das hat schon die Zeiten ein bissel aufgehoben. – Ich wusste immer, ich kann mir keine glücklichere Voraussetzung vorstellen, für einen Menschen, als ich sie hatte. Keine. Nämlich für alles, was auf mich zukam, und das waren im Beruflichen vor allen Dingen diese gewissen Hiebe, die man kriegt.

Meine besten Freundinnen sind eigentlich meine Partnerinnen gewesen, immer, ob das die [Kitty] Speiser, die [Elfriede] Irrall war, die Barbara Sukowa, das sind wirklich Herzensfreunde, und wenn Sie die fragen, sagen die auch: Ein Mann in meinem Leben, das bist du!

Ich habe gewusst: Mich nimmt man nicht, weil man mich will, sondern weil man mich nehmen muss. Und das war über viele Jahre der Fall. Ich war einfach nicht zu übersehen, und zwar durch meine Leistungen nicht zu übersehen. Und da hatte ich natürlich diese Menschen hinter mir, ob das der Manker war, ob's der Heini Schnitzler war, ob's der Barlog war, ob's der Piscator war, ob's der Strehler war – das ist ja etwas! Und wenn ich vorhin gesagt habe, in der Branche ist auch nicht alles in Ordnung: Die Soubretten-Eifersüchteleien, wie ich es nenne, die hat man natürlich benützt. Ich hab mich sicher auch gekränkt, ich hab das alles aber längst vergessen, Gott sei Dank. Nämlich aus folgendem Grund: Das Publikum hat es bewirkt, das Publikum, in der Summe.

Ich weiß nicht, was das Publikum ist. Das Publikum ist eine Summe von vielen, vielen Menschen. Und diese vielen Menschen haben absolut Recht. Das hab ich vor allem bei den Soloabenden gemerkt. Absolut Recht. Das Publikum kann nur den Bühnenmenschen sehen. Ich kann das nicht beschreiben, ich kann es nur erfahren. Der Respekt, der mir jetzt entgegenkommt, vom Publikum, von der Öffentlichkeit, ist ein unvergleichlich großer; ich spür ihn ununterbrochen. – Das hab ich mir nie gedacht, ich hab damit nicht spekuliert. Ich bin wie ich bin und hab so gelebt wie ich bin. Aber ich kriege jetzt ein Echo, dass ich mir denke: Moment, Moment, ja, ich hab meinen Beruf ausgeübt, so gut ich konnte, aber ob das jetzt darüber hinaus geht … Ich meine, nur mein Beruf ist in der Öffentlichkeit, ich bin ja sonst kaum in der Öffentlichkeit, weil es braucht so viel Kraft. *nervös* Aus vielen Gründen braucht der Bühnenberuf eine Distanz, sonst kann nichts mehr stattfinden, das mein' ich halt. Das ist auch wieder individuell. Ich gehör' zu denen, die das nicht brauchen. Aber: Wenn ich dann irgendwo

Paris
Dreigroschenoper 1986

Liebster Micki!

Ich schreibe Dir in Italienisch, um besser mit Dir sprechen zu können.
Ich bin glücklich (in einer meiner Phasen großen menschlichen und
theatralischen Unglücks) und stolz, Dich bei diesem Abenteuer nahe
gehabt zu haben. »Unsere« Geschichte hat uns hierher gebracht.
Und das ist gut so. Alles, was Du für Deine Figur getan hast, aber auch
für das »Theater« (ein Muster an Liebe, Hingabe, Konzentration, tota-
ler Demut und innerer Disziplin, Phantasie, Strenge, Intelligenz),
bleibt. Es bleibt innerhalb Deines Lebens. Unser Metier macht durch
Dich noch einmal – auch wenn es nunmehr selten ist – seinen <u>Adel</u>
klar.
Du warst, Du bist – wie immer – der ideale Gefährte unserer wunderbaren und miserablen – vielleicht – Kunst. Sanft: Giorgio.

Brief von Giorgio Strehler zu Mackie Messer

bin, ist das fast unglaublich, was mir Leute da sagen. – Nein, nein, sagen S' mir net zu viel, sonst fang ich an zu denken: Aha, wie muss ich sein? – Ich hab nie nachgedacht darüber, wie ich sein muss.

MM: Wir haben vorhin bei Helene Thimig unterbrochen. War es der Wunsch von Anton Edthofer, dass sie bei Ihnen einzieht?
MH: Der Anton Edthofer, als er noch gesund war, hat gesagt, wenn er nicht mehr da ist, müssen wir mit der Helene zusammengehen.

MM: Sie und Loek.
MH: Ja, natürlich. Und das haben wir begeistert versprochen, weil wir uns überhaupt niemanden vorstellen konnten, mit dem wir lieber zusammen waren.

MM: Loek war auch begeistert?
MH: Ich glaube, das Verständnis zwischen Loek und Helene war für beide das tiefste, das sie je mit einem Menschen hatten. Die Helene hat es mir gesagt, und dem Loek hab ich es gesagt, und er widerspricht mir nicht. Als die Helene im Krankenhaus gelegen ist, habe ich zu ihr gesagt: Du musst essen, du musst essen, Vitamine, Vitamine – hat sie zu mir gesagt: Du bist Vitamine – zu mir. Aber das Verständnis mit dem Loek … ich glaube, *sehr leise* man kann mit niemandem inniger sein und sich besser verstehen als die beiden. Das war fast unendlich, vor allem auch im Humor.
Man ist sehr, sehr früh disponiert für solche Begegnungen, und das ist doch auch das Glück des Lebens: dass der Kompass sehr früh gestellt wird, so dass für mich manches einfach gar nicht möglich war, dass das meiste gar nicht möglich war. Was ich immer sage: Es war sehr leicht, in allem, nicht nur im Beruf, es war sehr leicht, mir etwas auszureden, aber mir etwas einzureden ist vollkommen unmöglich; weder mit Menschen noch in anderen Angelegenheiten. – Das ist doch interessant, das ist doch interessant – das sagen nur Leut', die nicht wissen, was wirklich interessant ist. Die ständig auf der Suche sind, etwas Interessantes zu erleben. Da möchte ich erwidern: Bleiben S' sitzen, was ist denn schon interessant? Es geht um was anderes. Ich

146

lebe in einer Welt, die ich nicht werten lasse und nicht zu werten brauche; jeder lebt in einer unvergleichlichen Welt, ich auch. Aber die Ansprüche und die Werte von dem, was ich *akzentuiert* Herzensgeschmack nenne, dieses Wertsystem hat mit allem zu tun, das ist für mich darüber hinaus verbindlich. Wie ich Theater spiele oder Unterhaltung mache, das ist nur die berufliche Äußerung, aber der Herzensgeschmack ist der Kompass für alles in meinem Leben. Und nur um das geht es doch, und da lass ich mich nicht beirren.

Aber ich hab eine Scheu, darüber zu reden, in einer Zeit wie der jetzigen. Ich glaube nicht, dass das, was mich an Werten interessiert, ganz verschwunden ist, aber ich glaube, dass die Leute, denen das alles wichtig ist, noch viel zurückgezogener sind als ich es bin. Also, wenn Sie wollen, wenn es das gibt: ich habe die bescheidenste Exklusivität. Das ist das, was ich habe. Und da merke ich, das gibt es zwar noch, aber ich bin nicht mehr »in«, ich bin auch im Theater nicht mehr »in«, ich bin nicht mehr »in« in Umgangsformen.

Aber es waren natürlich diese Leute, grad am Theater, und nicht nur die älteren, die den Ton bestimmt haben; das war schon etwas, das das Burgtheater sehr ausgemacht hat: der Grundton, ein gegenseitiger Respekt oder so was. Ich erinnere mich an eine wunderschöne Geschichte mit der Seidler. Benning war Direktor, und ich war beim Benning, und es hat länger gedauert, und man hat sich verredet, und ich kam aus'm Zimmer vom Benning, und da saß die Alma Seidler in einem dunkelblauen Hemdblusenkleid, und ich sagte: Um Gottes willen, Entschuldigung, Alma, ich habe nicht gewusst, und der Benning hat's mir auch nicht gesagt … Und da hat die Alma Seidler gesagt, ohne Verlogenheit hat sie gesagt: Michel, das macht doch gar nichts, der Direktor hat gerufen, da kann man doch a bissel warten. *Pause; laut* Das ist fast nicht mehr mitzuteilen, heute, weil jetzt ist es so *schlägt MM hart auf den Arm*: Servas! Und das ist so eine Spontaneität, die mich nicht interessiert. Ich möchte nicht mit allen per du sein. Grüß Gott, Frau Wessely, fand ich sehr angemessen zu sagen, auf der Probe. Und auch, dass ein Spannungsverhältnis existiert. Die geben jetzt alle eine falsche Nähe vor, und ich glaube, das Interessante auf der Bühne ist die Luft zwischen Leuten. Ich glaube, sich schnell antappen zerstört mehr als es bringt.

mm: Sie haben vorhin etwas gesagt, auf das ich unbedingt zurückkommen möchte. Es ging um die Freunde, die Sie haben, und dass nach dem Tod in der Beziehung etwas »aufgeht«?

mh: Dass es sich verändert, ja ja, dass etwas aufgeht. Dass etwas, das man aneinander nicht verstanden hat, auf einmal unwichtig ist. Solange man lebt, will man immer ver-stehen, verstehen, verstehen, verstehen. Und dann geschieht das, was ich eigentlich im praktischen Leben auch mache: Lass es geschehen, will doch nicht alles verstehen, was ist da zu verstehen? Staune! Staune, staune! Warum lieb ich Kinder so? Weil die haben's natürlich, die haben's.

mm: Was mir so stark an Ihnen auffällt, ist die große Rolle, die tote Menschen, und vor allem tote Frauen in Ihrem Leben spielen, und die große Selbstverständlichkeit, mit der Sie von diesen Menschen sprechen, dass man das Gefühl hat, sie könnten im nächsten Moment bei der Tür hereinkommen.

mh: *aufmerksam, überrascht* Das ist gut, das ist gut, ja das ist gut, das ist gut, das hab ich nie so gewusst.

mm: Helene Thimig, Paula Wessely, Elisabeth Bergner, Irmgard Seefried …

mh: Ja, alle, alle, meine Urgroßmutter natürlich, mein Urgroßvater auch, aber Sie haben recht: Es sind mehr Frauen, eindeutig. Ja. Daran hab ich nie gedacht, aber … des stimmt, des stimmt. Und zwar zum Greifen da, und vor allem, wie soll ich sagen, es ist absurd, aber fast realer, wirklicher als im Leben, wirklicher als im Leben. Und die Dialoge … es ist ja etwas so Merkwürdiges: Wenn man miteinander, so lange man da ist, wo wir jetzt sind, nicht nur Worte gewechselt, sondern *Pause* gleich geatmet hat, und gleich gedacht hat, dann geht ja der Dialog weiter, weil's dann nicht nur Worte sind, die man tauscht. *Pause* Wie soll ich das jetzt sagen: Wenn die Erfahrungen, die alltäglichen, durch ein Sieb gehen, und was dann drinnen bleibt, in dem Sieb, das bleibt auch, wenn wer weg ist, für mich.

MM: So etwas wie eine Essenz.

MH: So eine Essenz. Das ist es. Und da ist vor allem der Humor so wichtig. Humor ist für mich Leben schaffen, das andere sind Witze. Aber das Leben wirklich tief erleben, das ist die Quintessenz an Humor. Ich glaube ja, dass es ohne Humor nicht möglich ist, schwere Sachen im Leben zu bewältigen und nicht zu verbittern. Das hab ich natürlich an allen diesen Leuten bemerkt, in der Art, wie sie schreckliche Sachen erzählt haben, die ihnen geschehen sind. Solche Geschichten, wo ich immer gesagt hab, wir spielen alle so schlecht Theater; so etwas sieht man ja manchmal auch im Fernsehen, nicht, wenn zum Beispiel die Witwe von Franz Jägerstätter [österreichischer Widerstandskämpfer, der 1943 hingerichtet wurde] erzählt, wie das damals war – das hat Anmut, und eben nicht Selbstmitleid und nicht eine nette Tragik oder Sentimentalität. Die Wessely hat immer gesagt, bei solchen Sachen: Das muss man trockenlegen. Da sag ich: Schau, das ist es, unglaublich, na unglaublich!

Das kann ich erleben, so was kann ich wirklich erleben, als wäre ich elf. Das hat sich nicht abgenützt bei mir, Gott sei Dank, Gott sei Dank, da bin ich so dankbar, dass meine Emotionen nicht an Intensität verloren haben, und das resultiert natürlich schon daraus, wie man lebt. Man assoziiert das mit Jungsein, aber es ist unter Umständen mehr, als es in der Jugend war, oder ich empfinde es jetzt einfach stärker, weil ich halt so dankbar bin dafür.

MM: Bleiben wir bei Ihren toten Freundinnen.

MH: Es waren immer Liebesgeschichten, lauter Liebesgeschichten, lauter Liebesgeschichten. Ich war verliebt, und die waren verliebt, und es hörte nicht auf. – Hab ich Ihnen den Traum erzählt? Als die Helene ungefähr drei Monate tot war, träumte ich, dass ich die Stiege herunterkomme, bei mir im Haus, und da sitzt sie in der Bibliothek. Und ich sagte: Nein, Helene, das ist zu schön! Und sie sagte: Noch schöner wäre es, wenn man jetzt eine Tasse Tee zusammen trinken könnte. – Und das ist der einzige Unterschied! Dass man diese reale Ebene nicht mehr miteinander hat. Aber der Dialog geht doch weiter! Ich hab die Helene auch gefragt: Was erwartest du dir nach dem Tod? – Ein neues Abenteuer! Aber als erstes möchte ich mir die Eltern aussuchen.

MM: Helene Thimig ist 1974 gestorben. Wie ist das möglich, dass die Beziehung so lebendig bleibt, dass der Mensch so lebendig bleibt?
MH: Weil sie so stark war, weil sie so unglaublich stark war, so einen Charme hatte, weil sie so unprätentiös war, weil sie in ihrem Geist so unvorstellbar nobel war – aber nicht nur für mich. Wenn die Paula oder die Elisabeth Bergner über die Helene reden, sagen die das genauso. Und so mutig, so mutig, so mutig, so mutig …

MM: Sie muss eine wirklich außergewöhnliche Frau gewesen sein.
MH: Eine außergewöhnliche Person. Auch in Situationen, wenn andere sagen, da soll man helfen. Da hat die Helene gesagt, da soll man nicht nur helfen, das muss man machen – und sie hat's gemacht. Und dann ist noch etwas. Man muss sich vorstellen: die Helene wurde ja um die Karriere gebracht, durch die Emigration.

MM: Sie hat sich in Amerika sehr schwer getan.
MH: Na, demütigend! Aber so, wie sie's dann erzählt hat … sie hat's erzählt, als wär's die Geschichte einer anderen.
Was, glaube ich, für einen Menschen das wichtigste ist: dass Talent nicht in einer Art und Weise verhindert wird, dass man nicht lebt. Dass du dich nicht von vornherein einordnen lässt, so als Nummer, sondern dass du sagst: Nein. Ich lebe, ich spiel Theater oder ich schreib Bücher … da haben es natürlich musische Menschen wie wir immer leichter; wir haben andere Schwierigkeiten. – Und dadurch bist du keine Nummer. Das heißt nicht, ich will auffallen. Ich will nicht auffallen, aber ich will keine Nummer sein, das ist ein großer Unterschied. Einfacher gesagt: Ich will meine eigene Lebensmöglichkeit immer wieder haben. – Und wenn Sie dann nicht Theater spielen? – Das wäre schwer, hätt ich gesagt. Aber ich war doch immer wieder vor dem Ausstieg aus dem Beruf, bis zu meinem dreißigsten Lebensjahr, weil ich mir schon damals gedacht hab: O Gott, was wird, wenn mir

das langweilig wird und wenn ich Routine krieg! Da sah ich ja Kollegen, die auf die Uhr schauen, wann die Prob' aus ist. Aber das war's bei mir eben nicht.

Die nicht selbst gewählten Pausen habe ich immer als Notwendigkeit empfunden, um Abstand zu kriegen. Ich wollte es nie so gut können. In manchen Zeiten habe ich so viel gespielt, und wenn es dann geschieht, dass »es redet«, und das war ich – da muss man aufpassen! Und man muss vor allem der erste sein, der das merkt.

мм: Was hätten Sie denn anderes gemacht?
мн: Ich hätt's auf mich zukommen lassen.

мм: Sie haben keine Pläne gehabt, was Sie sonst tun möchten?
мн: Alles, was mit Architektur zusammenhängt, wäre mir gelegen. Mir haben Leute gesagt, die das als Beruf haben: Da wärst reich geworden. Oder ich hätte eine Galerie gehabt – net in Wien, net in Wien, sicher nicht. Nein. Also so irgendwie. Ich sprech ja jetzt auch von einer Zeit, wo das altersmäßig gepasst hätte, so dass man in der Sprache noch zuhaus wäre.

мм: Wären Sie nach Italien gegangen?
мн: Ich glaub, es wär' Amerika gewesen, New York. Das wäre dann überhaupt die Stadt, wo man das alles verwirklichen und leben kann. Wenn nicht Italien und nicht Paris und nicht Berlin und nicht Wien – na, dann geh doch nach New York. Mein Gott, es war halt nicht. Und ich weiß ja auch nicht, was dann passiert wäre. Aber ich meine: Nimm dein Leben, mach etwas daraus! Und wenn man mich gefragt hätte: Ist Theater dein Leben? – Nein, natürlich nicht! Das ist ein Teil, lange Zeit, das war mein Beruf. – Ja, und Ihr Beruf ist nicht Ihr Leben? – *leise, aber bestimmt* Nein, nein. Alle diese Fragen: Können Sie sich Ihr Leben ohne Theater vorstellen, da sag ich, ohne nachzudenken *ungeduldig*: Ja, ja. Ich glaub ja überhaupt, wenn etwas an mir a bißl anders ist, a bißl anders, nur a bißl, dann vielleicht das, dass man sagt: Er ist kein Theaterhansl. So würde ich's formulieren. Weil ich ja so viele von denen kenne, ich leb ja mit denen. Das ist das Milieu, in dem ich

Bild rechts: *Mackie Messer in Brechts* Drei- groschenoper, *mit Bar- bara Sukowa;* Théâtre du Châtelet, Paris, 1986

immer war, wenn ich nicht zu Hause war. Ich war entweder zu Hause, oder ich war in dem Milieu – und die aus dem Milieu kenn' ich am besten, und sie sind mir auch am amüsantesten. Da ist jemand genauso alt wie ich und regt sich noch immer auf, wie ich mich vor fünfunddreißig Jahr' aufgeregt hab – das finde ich amüsant!

Gespräch im Café Frauenhuber am 24. Mai 2007,
mit Ergänzungen aus Telefongesprächen

26.10.1989

Mein lieber, bewunderungswürdiger Michl,

vor einiger Zeit schrieb ich für THEATER HEUTE zu dessen Jubiläums-
heft einen Beitrag mit dem Titel »Nur selten noch der alte Schauer«.
Ich meinte damit, dass ich nach Moissi, Olivier, Gielgud und manchen
anderen in weniger entfernter Zeit nicht mehr das selige Gefühl, das
Rieseln im Rücken, die Erregung durch hohe Perfektion der Kunst
erlebt hatte, die mir das Theater nach so vielen Jahrzehnten noch zu
einem waren Glück verhelfen können.

Gestern war er wieder da: dieser Schauer, in einer Vorstellung von
solcher Vollkommenheit, dass ich – und meine Nachbarin, die Autorin Inge Merkel, – wie gelähmt dasaß, eine Vorstellung, die Dir, wie ich
Loek schon sagte, die Rolle Deines Lebens beschert hat, über die
Könige im »Spiel der Mächtigen« noch hinaus.

Ich freue mich so für Dich, und ganz gewiss sehe ich's mir noch einmal an.

Bless you,
Deine Hilde

Brief von Hilde Spiel anlässlich von Pirandellos Heinrich IV.

5 Ich interessiere mich
überhaupt nicht für mich selbst

Zum ersten Mal darf ich MH privat besuchen, in seinem Haus in der Wein-hauerlandschaft im Westen von Wien, in dieser reizvollen, künstlerisch inszenierten Randzone, in der die Stadt sich als Dorf maskiert, sich immer mehr verkleinert und verengt, um dann fast unmerklich in die Hügel des Wienerwalds überzugehen. Dass er sofort losrennen kann, ist MH wichtig. Er hat alle seine Rollen im Gehen gelernt, in der freien Natur, und er geht dabei seit fast fünfzig Jahren immer dieselben Wege, die ihm nicht langwei-lig werden. Im Gegenteil: Nur im Vertrauten lässt sich immer wieder Neues entdecken.

Es ist ein glühend heißer Tag, just vor der Sommersonnenwende. Um 13.30 Uhr – MHs Lieblingsstunde für unsere Treffen – flimmert die Luft. MH lei-det unter der Hitze, jammert und schwitzt, führt mich aber dennoch als erstes durch den riesigen Garten, der durch seine Vielfalt genauso beein-druckt wie durch den großen Sach- und Kunstverstand, mit dem er ange-legt wurde; Milli, die weiß-graue Katze, begleitet uns mit der Nonchalance einer Dame des Hauses, lagert sich zwischendurch entspannt unter kühlem Blattwerk. Das hakenförmige, Schönbrunnergelb gefärbte Haus, erbaut rund um einen denkmalgeschützten, trotz sündteurer Sanierungsmaßnah-men schon reichlich hinfälligen Lindenbaum, unter welchem der Legende nach Franz Schubert verweilt haben soll, ist von der Straße aus fast nicht zu sehen. Diskretion!

Die historische Linde, deren Geschichte mir MH im Juni erzählt, wird den Herbst nicht überleben. Da sie bei Westwetterlage auf das Haus zu stürzen droht, muss sie im Oktober abgetragen werden. Aber auch in der Nachbar-schaft muss ein prachtvoller alter Baum daran glauben; es wird gebaut. Das Leben geht weiter.

Wie viel Platz das Haus bietet, lässt sich von außen nicht einmal ahnen. Die Räume scheinen zum Teil auf eine spielerische Art ineinander verschachtelt oder labyrinthisch miteinander verknüpft – als ob es dem Erbauer Spaß gemacht hätte, dafür zu sorgen, dass sich der Besucher nicht sofort orientieren kann. Ein zauberisches Reich, geprägt vom theatralischen Instinkt seines Besitzers, in Fülle ausgestaltet mit dessen unstillbarem Verlangen nach Schönheit, Phantasie, individuellem Stil, mit all den kleinen und großen Schätzen, die ihm das Leben zugetragen hat.

Ein wenig gespenstisch wirkt es auch, nicht nur, weil es so still ist. Nie weiß man, wer sich sonst noch im Haus aufhält. Man sieht niemanden, hört niemanden, und tritt unversehens jemand auf, so begegnet man einander wie mit Tarnkappen; vorgestellt wird man nur, wenn man ausdrücklich darum bittet. Diskretion?

Nach dem Rundgang durch den Garten setzen wir uns auf der mit Glyzinien umrankten Terrasse, die durch das vorspringende obere Stockwerk überdacht ist. Die Schwalben habe er abgeschafft, sagt MH, als ich mich nach der Vogelpopulation in seinem Tusculum erkundige; da war die Sauberkeit entschieden wichtiger. Er erzählt von dem Starenkasten, den er gebaut hat, und wie er ein freches Eichkätzchen auf frischer Tat beim Eierdiebstahl ertappte.

Später wird er mir einen Teil des Hauses zeigen, die Räume im Erdgeschoß, Küche, Esszimmer und Bibliothek, wo jedes einzelne Stück eine lange Geschichte hat und wo die Atmosphäre randvoll ist von MHs Geschichten mit jenen Menschen, die sein Leben ausmachen. MH führt mich auch ins Büro, wo an drei Nachmittagen pro Woche diskret und höflich die treue Inge Hanke werkt und über den riesigen Folianten wacht, in denen MHs Werdegang dokumentiert ist; mein loderndes Begehren angesichts dieser Folianten kann ich nur mühsam kaschieren, konsequenterweise bekomme ich sie nur dieses eine Mal kurz zu sehen. Schließlich gehen wir ins Fernseh-Zimmer im ersten Stock, wo wir eine stattliche Anzahl von Videoaufnahmen aussuchen, die MH mir großzügig zur Ansicht überlässt, (was wiederum Frau Hanke in kaum verhohlene Sorge um die von ihr gewissenhaft katalogisierten Bestände stürzt,) und zuletzt noch ins große Schwimmbad. Das Schwimmen ist seit der Kindheit am Attersee eine Leidenschaft von MH.

Das Gespräch, das MH und ich an diesem Sommernachmittag führen, beginnt naturgemäß mit der Geschichte seiner Wohnungen. Von seinen ersten Filmgagen hat er ein altes Bauernhaus in Westendorf in Tirol gekauft, das rund um eine Kapelle erbaut war. Gemeinsam mit Loek Huisman hat er es fachkundig bis ins Detail renoviert und sich dabei ein praktisches Wissen angeeignet, wie es von den »Studierten« keiner vorweisen kann; als »das schönste Haus von Tirol« war es später sogar im Fernsehen zu sehen. Es sollte sein zentral gelegener Lebensmittelpunkt mit guter Verbindung nach München sein, ausgewählt im Hinblick auf die Fortsetzung seiner Filmkarriere und seiner Theaterarbeit in Deutschland. In Wien, wo MH am Theater in der Josefstadt engagiert war, wohnte man damals in der Agnesgasse in Obersievering, im ersten Stock eines schönen alten Weinhauerhauses, ursprünglich noch mit Plumpsklo im Garten; auch hier hat MH behutsam modernisiert und renoviert und dabei alles gelernt, was man »im Papierl« nicht lernen kann. Das wäre auch ein Beruf gewesen, der ihn glücklich gemacht hätte, mindestens so sehr wie die Schauspielerei, sinniert er: »Etwas entdecken, das schlecht behandelt wurde, aber gut ist.« Im Erdgeschoß des Hauses in der Agnesgasse lebte jene legendäre Frau Schubczik, die MH nebst viel bodenständiger Lebensklugheit ihr Kochbuch vermachte.

Nachdem MH sich entschieden hatte, seinen Weg am Theater fortzusetzen, und zwar in Wien, erwies sich das Tiroler Domizil bald als wenig praktikabel. Er begab sich daher auf die Suche in der Wiener Nachbarschaft; in der Gegend von Neustift habe es »kein schönes oder charmantes Haus« gegeben, wo er nicht persönlich angeläutet und nach der Verfügbarkeit gefragt habe. »Es kannte mich damals ja niemand.« Doch auch die einschlägigen Firmen, die er konsultierte, hatten nichts zu bieten. Bis er eines Tages zeitig in der Früh überraschend einen Anruf vom Immobilienmakler Dirnbacher erhielt, der da sprach: »Jetzt hab i a Sache für Sie, die hat auf Sie g'wart.« Das schien nun wiederum eine verdächtig glatte Angelegenheit, weshalb MH den Herrn Ingenieur Dirnbacher kurz angebunden abfertigte. »Ich hab' gedacht, da werde ich hineingelegt.« Erst nach Rücksprache mit Helene Thimig fragte er doch noch genauer nach, warum man gerade ihm dieses

Angebot mache. – »Des kann i Ihna scho' erklären: Wir ham a Abonnement in der Josefstadt, und mei Frau hat an Narr'n an Ihna g'fressen. Die hat g'sagt, des nächste G'scheite, was is, kriagt der Bua.«

Wieder einmal haben weibliche Machtworte die Weichen gestellt. Das Objekt in Tirol konnte rasch verkauft werden, und mit dem Erlös war zumindest das Grundstück von vornherein bezahlt. Bau und Ausgestaltung des Hauses blieben eine finanzielle Lebensaufgabe über dreißig Jahre, die mit viel Arbeit, Disziplin und bewusstem Verzicht auf mancherlei Luxus bewältigt wurde – wobei die Priorität immer klar zu sein schien.

MH: Es war schön. Ich bin ja diszipliniert und hab mich halt nicht versoffen oder so. Ich habe immer weit über meine Verhältnisse investiert, in jeder Hinsicht, nicht nur finanziell, aber es war durch eine Bescheidenheit auf der anderen Seite immer gedeckt. Es war nie etwas für Show, damit die Leut' was zu schauen haben, sondern: Die Dinge kommen zu mir, und dann habe ich sie zu machen. Im Berufsleben ist das ja ganz klar, da geht es nur um die Entscheidung: ja oder nein. Aber das gilt für alles, was in meinem Leben kam. Wenn etwas auf dich zukommt, und du hast Angst, dann darfst du's nicht machen. Wenn du sagst: Ich hab gern schöne alte Sachen, und du kannst es dir nicht leisten – das musst du möglich machen. Helene Thimig nannte es immer: Den Speer vorauswerfen. Und dann hatte sie den wunderbaren Satz: Ohne Leichtsinn will ich nicht leben. Der leichte Sinn. Das heißt, das innere Bild möglich machen. Das hat auch den ganzen Beruf bestimmt. Und drum löst sich das jetzt so ab, bei mir. Drum brauche ich das Theater nicht mehr. Ich brauch nicht nur nicht mehr Theater zu spielen, ich hab beim Theaterspielen auch nichts mehr zu sagen, mein Interesse ist ganz woanders. Mir ist das bei Interviews, die ich jetzt vor kurzem gegeben habe, so klar geworden, wenn man so gefragt wird *in journalistischem Tonfall*: Und was spielen Sie da? – Wenn das Stück nicht grade von Čechov ist … Vor allem: Die alten Leut' wollen keine alten Leut' sehen, auf der Bühne!

MM: Mir fällt nur gerade *Josef und Maria* von Peter Turrini ein.

MH: *Josef und Maria* einmal g'sehn, *Josef und Maria* immer g'sehn. Das war wunderbar vom Otto Schenk und der Christine Ostermayer, ganz wunderbar. Aber es ist doch eine Pflichterfüllung eines Autors, dass a paar Oide a was ham. Und die G'schicht, also wirklich, Turrini, da nehm ich kein Wort zurück: Na, san S' ma net bös! Da fehlt nur die Musik, dann gibt's für an alten Mezzosopran a no was. – Nein! Da bin ich einfach realistisch. Ich will auf der Bühne …

MM: Was wollen Sie auf der Bühne sehen?

MH: *überlegt* Das is' a gute Frag', das is' a gute Frag'. Entweder Stücke wie *Das Maß der Dinge* [von Neil LaBute, Salzburger Festspiele 2002]. Oder *Oleanna* [von David Mamet], das haben Ulrich Mühe und Susanne Lothar [1993] im Akademietheater gespielt, diese Lehrer-Studentin-Geschichte, wo sie Terror gegen den Lehrer ausübt. Das ist wie ein Film, auf der Bühne. Das ist eine Sache, die ganz lustig ist. Das ist das eine. Zum andern will ich nur die wunderbaren großen Stücke immer wieder sehen, die Klassiker, und zwar will ich sie von neuen Leuten sehen. Ich finde, das Alter auf der Bühne muss gestaltet sein und kann nicht belegt werden durch das Alter, das in meinem Pass steht. Das geniert mich. Ich habe immer wieder gesagt, für Alter und Hinfälligkeit stehe ich nicht zur Verfügung, Ausnahmen bestätigen die Regel. Ich finde, Laurence Olivier wurde nicht *der* Laurence Olivier, weil er so lang gespielt hat, sondern weil wir uns an seinen Höhepunkt immer noch erinnern können. Und das, meine ich, gilt für uns alle im Bühnenleben. Wenn man sich dann irgendetwas Individuelles findet, es frei anbietet, nicht mehr vorschützt, eine Rolle zu sein, sondern sagt: Ich bin ich, das haben Sie am Plakat alle gelesen, ich habe mir das für heute Abend ausgedacht, worüber wir reden und uns unterhalten, ich könnte mir vorstellen, da sind ein paar Dinge dabei, die nicht nur subjektiv für mich da sind, um darüber zu reden, um darüber zu singen – das ist meine Möglichkeit, die ich überhaupt als Bühnenmensch noch sehe. Alles andere … also, König Lear, darüber kann man reden, das war ja geplant, mit Strehler hier am Burgtheater, und ich hätte es natürlich mit Hingabe und Begeisterung ge-

Bild links:

Classical, *1984*

163

macht, und als das aktuell war, war ich immerhin um einiges jünger als Tino Carraro, als er's mit Giorgio in Mailand gemacht hat, zehn Jahre vorher.

Jetzt, im Nachhinein: Ich war der jüngste Wallenstein weit und breit. Von der Kraft, die der braucht, stimmt das auch. Und ich finde beispielsweise, beim Lear muss klar sein, dass das der Vater der Kinder ist, nicht der Großvater der Kinder; ich hab das mit Strehler sehr sehr beredet: Es ist nicht der *nonno*, sondern der *padre*.

MM: Das ist bei den meisten *Lear*-Aufführungen eine Diskrepanz, ich erinnere mich an Will Quadflieg am Thalia Theater, der schon fast ein Urgroßvater war.

MH: Ich könnte einfach sagen, es hat wahrscheinlich alles seine Zeit. Es hat die Zeit, dass man Theater gespielt hat. Es hat die Zeit, dass man die Bäume gepflanzt hat. Und ich bin überrascht! Nie hätte ich's mir träumen lassen, dass diese Überraschungen in meinem Leben sooo beglückend sind. Das sind ja Geschenke! Und vor allen Dingen weiß ich jetzt, womit ich mich überhaupt nicht mehr beschäftigen will; da sag ich sofort: Kommt nicht in Frage! Da war ich immer … so eine Wurz'n, die viel Zeit verliert. Ich hab gestern eine dreiviertel Stunde mit jemandem telefoniert, den ich gar nicht sehr gut kenne, aber das ist dieser Beruf, dass Leute durch den Menschen auf der Bühne etwas Starkes, Intimes mitbekommen, so dass sie glauben, da ist eine Hilfe, eine menschliche Hilfe, eine menschliche Hilfe. Und dann kommen sie mit Problemen … Und das dreh ich eben jetzt um. Du musst in allem in deinem Leben entscheiden, womit du dich beschäftigst. Ich habe gar nicht gewusst, dass das Leben so einfach ist! Auf das komm' ich jetzt. Es ist so einfach geworden für mich! Ich hatte so viele Sachen, die ich mir selbst auferlegt hab. Das war der Beruf, natürlich, das war das Haus und alles, was damit zusammenhängt, und da musstest du arbeiten. Sie können in meiner ganzen Berufsbiographie aber wirklich nichts finden, wo man sagt: Schau, des hat er a g'macht. Nichts dergleichen können Sie finden. Sie können Misserfolge finden, ganz klar, aber Sie können bei mir nicht finden, dass ich irgendwo einen Auftritt gemacht hätte, wo ich mich verkauft hab, oder wo ich mich verraten hab. Das war schwer!

мм: Das denke ich, denn es ging ja auch ums Geldverdienen.

мн: Na, was denn! Na, es ging enorm ums Geldverdienen, aber das war immer das zweite. Das erste musste der Anspruch sein. Das war für mich unerhört wichtig, und das war jederzeit richtig, und das hat mir dann doch das, wie ich finde, für mich notwendige Selbstbewusstsein gegeben, im Nachhinein, dass es geht, dass es geht, dass man den Anspruch wahrt! Such doch woanders die Beschränkungen

Wir sind nie ausgegangen, waren aber immer gesellig und großzügig zu Hause, gesellig und großzügig, beides. Ich geh wahnsinnig ungern aus! Wo soll ich von hier hingehen? Da komm ich mir ja arm vor! Und wenn ich hier einen Paradeiser ess, am Abend, und da ist das Brot und da ist ein guter Käs, und i trink an G'spritzten! Aber da hab ich natürlich dann auch das Glück … ich hab immer gestaunt, was Leute für Wein im Keller haben. Da hab ich das Glück, dass mich das nicht interessiert. Und ich hab nie einen Porsche gehabt. Ich hab mein erstes eigenes Auto mit neunundzwanzig gehabt, das war ein gebrauchter VW …

мм: Allerdings ein Cabrio!

мн: Bitte, mit neunundzwanzig – und mit fünfundzwanzig war ich ein Filmstar, ein Jungstar, wenn Sie wollen! Verstehen Sie? Aber es hat mich immer wer mitgenommen, und beim Film wurdest du geholt und gebracht; so. Ich will das nicht als Leistung bezeichnen, weil ich meine, es ist wirklich ein glückliches Naturell. Ich hab das von den Eltern geerbt, meine Schwestern sind ebenso, und ergo ist es mir nicht nur nicht abgegangen, sondern die Male, und das lässt sich nicht vermeiden, wo ich in Gesellschaft muss, ist das anstrengender als drei Premieren. *aufgeregt, laut* Weil: Ich will das Bild bieten, wovon ich vage glaube, – vage! ich weiß es ja net! – vage glaube, dass man es von mir erwartet. Dass ich lustig bin, dass ich charmant bin, dass ich freundlich bin, lauter so Zeugs …

MM: *boshaft* Alles, was Sie in Wirklichkeit nicht sind!

MH: Nein, aber das ist man ja alles für sich selbst nicht. Man ist es doch nicht für sich selbst. Der Loek sagt immer: Du brauchst keinen Spiegel. Sag ich: Nein, natürlich brauch ich keinen Spiegel. Weil, was seh ich da? Davon erfahr ich gar nichts. Meine beste Möglichkeit erfahr ich im Praktischen. Ganz simpel. Wenn ich in der Früh durch den Garten geh und die Schnecken sammle, dann hab ich ein wunderbares Gefühl, dass ich an den richtigen Stellen geschaut hab, Gott sei Dank, weil wenn ich das nicht getan hätte – der Salat wär' am Abend weg. So. Was dann noch? Was erfahr ich noch von mir? Wenn ich koche, und ich koch' wahnsinnig gern, da erfahre ich, dass ich etwas Praktisches kann. Und meinen Beruf erfahre ich am besten, wenn mir nachher jemand sagt: Ich habe alles von Ihnen verstanden! Endlich versteh ich wieder jemand! Das ist das Schönste, was es für einen Schauspieler gibt. Das heißt natürlich, dass das Werkzeug in Ordnung war, und dass du das richtig gedacht hast; aber du kannst noch so gut denken – wenn du's dann nicht kannst, und deine Stimme, und dein Apparat, *nachdrücklich* und deine Eitelkeit den schönen Sachen der Dichter im Wege steht, weil du sie »schön« sagen willst, weil du glaubst, du kannst Čechov »schöner«, oder Schnitzler »schöner«, oder Hofmannsthal … *klopft auf den Tisch* da hast du bei dem Beruf nichts zu suchen.

Eitelkeit, das ist etwas Merkwürdiges. Ich glaube, Eitelkeit ist für einen Rechtsanwalt auch schädlich, aber für einen Schauspieler viel schädlicher. Sich für sich selbst interessieren, ganz einfach, über Gebühr sich für sich selbst interessieren, über die körperliche Hygiene hinaus sich für sich selbst interessieren, das meine ich mit Eitelkeit. Körperliche Hygiene, das heißt, gut gewaschen, Zähne geputzt, Nägel geputzt, alles das … darüber hinaus sich für sich selbst zu interessieren, dieses »Wie seh' ich aus«, und »Wie möchte ich aussehen«, das ist eine so verlorene Sache! Wenn Sie mir sagen, ich find Cary Grant so toll … Aber wenn Sie mich fragen: Möchten Sie so aussehen, Herr Heltau, würd' ich sagen: Nein, natürlich nicht, ich will, dass ich den so sehen kann. Das ist mein Vergnügen! Wenn ich selbst so ausseh', hab ich ja das Vergnügen net. Ham's die andern. Mir hat das gereicht, wie ich ausschau'. Eitelkeit ist das Lähmendste, was es gibt.

Bild rechts: *Professor Higgins; mit Gusti Wolf in* My Fair Lady; *Volksoper, 1993*

166

MM: Sie sagen, Sie brauchen keinen Spiegel. Aber ich spiegle mich ja nicht nur in einem Glas, wo ich mein Äußeres sehe, sondern ich spiegle mich ja auch …

MH: … in einem Menschen, ja, das ist ein guter Gedanke, das ist ein guter Gedanke. Aber da hab ich immer die andern angeschaut, da hab ich immer die andern angeschaut. Und da ist mein Vergnügen …

MM: Aber dabei erfahre ich ja auch etwas über mich selbst.

MH: Nein, nein.

MM: Durch die anderen.

MH: Na, wenn Sie mir konkret etwas sagen, dann erfahr ich was. Aber sonst erfahre ich nur, dass man einander gut versteht, und das ist wieder eines der Glücksgefühle.

MM: Das ist mir jetzt aber zu sehr vereinfacht. Ich kriege von jemandem, mit dem ich spreche, schon am Telefon, und in der persönlichen Begegnung noch mehr, eine Riesenpalette von Rückmeldungen über mich und mein eigenes Verhalten, durch die Art, wie jemand auf mich reagiert. Es gibt Leute, wo ich das Gefühl hab, dass ich mit denen vielleicht eine gemeinsame Ebene finden könnte, es gibt Menschen, wo man sofort das Gefühl hat, da ist ein guter Draht, es gibt Menschen, wo ich das Gefühl hab, die leben auf einem anderen Planeten …

MH: *nachdenklich* Ja ja. Aber was erfahren Sie da über sich? Da erfährt man doch auch nur wieder was über den andern.

MM: Aber ich erfahre doch, was ich beim andern für Gefühle und Reaktionen auslöse. Ich führe das dann auf mich selbst zurück und denke: Aha, wieso hat der jetzt so reagiert? Ich habe das und das gesagt und wollte damit das und das zum Ausdruck bringen, offensichtlich ist etwas ganz anderes angekommen …

MH: *nachdenklich* Ja ja, schon, aber das ist doch nie etwas Endgültiges, was man da über sich erfährt.

168

MM: Was heißt endgültig? Die einzige Möglichkeit, mich selbst zu erkennen, ist die Begegnung mit anderen Menschen. Wie erfahren Sie etwas über sich selbst?

MH: Ich erfahr nix über mich selbst!

MM: Das kann ich nicht glauben …

MH: *unsicher und leise, aber aufbegehrend* Nein! Na, was soll ich über mich wissen? Nein! Aber ich muss Ihnen wirklich sagen, und da werden wir noch ein paar Mal darauf zurückkommen: Das war immer das Hauptproblem, in dieser Sache mit dem Buch. Ich interessiere mich absolut nicht für mich. Ich verlier' keine Zeit mit mir.

MM: Über den Satz haben wir ja schon am Telefon einmal gesprochen, da habe ich gesagt: Ich hab ein Problem mit diesem Satz.

MH: Ja, ich weiß noch.

MM: Die Voraussetzung, dass ich mich für jemand anders interessieren kann, ist, dass ich mich zuerst einmal für mich selbst interessiere.

MH: Das ist aber individuell, das stimmt für mich überhaupt nicht. Ich interessier mich sehr, sehr für andere, und das ist das Glück meines Lebens! Ich bin so fasziniert und so bezaubert von Menschen, und am meisten bezaubert bin ich, wenn sie mein … wie soll ich sagen, mein Gesamtbild der Natur und Kunst vollenden. Und alles andere sind Passanten, absolut: Passanten. Nichts anderes. Passagiere, heißt es bei Heine, eine große Landstraße … wunderbares Gedicht von Heine! Und man winkt sich, man sitzt in der Kutsche, man winkt sich. Aber darüber hinaus kann man sich doch nichts vormachen! Also, ich mach mir da nichts vor. *Ships, crossing in the night*, das ist es. *Die Haushälterin bringt Kaffee, MH bedankt sich* Nicht mehr ist es. Und dass das in meinem Leben eine Konstante ergibt – aber was ich jetzt sag, das ist nicht so simpel, wie ich's jetzt schnell dahinsag, wohlgemerkt! – dass die Zahl der Menschen eigentlich immer konstant blieb, dafür hat das Leben gesorgt, weil die einen weggegangen sind. Das waren die Urgroßeltern, das war die Labitzky, das waren auch Menschen im Thea-

Mein Herz für Michael ♥

Elisabeth.

10. 6. 99.

terleben … Aber mit den anderen, das ist, wie wenn man einen Spaziergang macht. Das klingt jetzt sehr poetisch, aber so wie wir: Wir machen einen Spaziergang und treffen einander und haben die absurde Idee, *gesteigert* die absurde Idee, ein Buch zu machen. Zwei Spaziergänger, die sich treffen, die sich sympathisch sind, die sehr gut miteinander reden, die sehr gut miteinander lachen, aber jetzt will ich Ihnen sagen: Mehr und liebenswerter kann ein Buch nicht sein! Von zwei Menschen, die ein nicht langweiliges Leben haben, weil sie sich mit schönen Dingen umgeben. Jetzt hab ich alles gesagt, was ich mir vom Buch erwarte.

MM: Aber während wir diesen gemeinsamen Spaziergang machen, erfahren wir doch etwas übereinander.
MH: Ich erfahr was über Sie, über mich nix, über mich nix, *indigniert* also kaum … *MH unterbricht, weil der Tisch wackelt.* Da hab i irgendwas verhaut. Darf ich Ihnen a bißl Milch geben? – Nein nein nein nein, er wackelt nicht so, dass etwas passiert, immer ruck ich daran herum, da muss irgend so a Plattel drunter. – Warum lachen S'?

MM: *schmunzelnd* Ein Bierdeckel!
MH: *grantig* Ja genau, für an Bajuwaren, ein Bierdeckel. – Also, nein, über mich erfahr ich … manchmal … eine Frage kann mir interessant sein, die ich neu denken muss.

MM: Es soll nicht anmaßend sein, dass ich denke, dass Sie jetzt weiß Gott was über sich erfahren werden durch unsere Gespräche. Aber da kommt's gar nicht so sehr auf die großen Sachen an. Und ich erfahr über mich sehr viel durch unsere Begegnungen. Ich erfahre was über Sie, natürlich, aber über mich auch.
MH: *fast tonlos, ungläubig* Wirklich?

MM: Na sicher. Wie soll ich denn das jetzt rüberbringen? *beide lachen*
MH: Ich glaube die Frage zu verstehen. Ich weiß etwas über meinen Typus – so wie der Anatol sagt: Wir sind doch alle ein Typus. Und dann fragt die

Bild links: Foto mit Widmung von Elisabeth Schwarzkopf; mit der Sängerin bestand eine Freundschaft über mehr als dreißig Jahre.

171

Gabriele: Was sind Sie? Leichtsinniger Melancholiker nennt er sich dann. Also ich weiß, dass ich eher ein Choleriker bin, wenn ich diese vier Temperamente nehme, *più o meno*. So viel weiß ich. Nein nein. Ich hab mich immer mehr für alles andere interessiert. Das war gut so.

ᴍᴍ: Ich erblicke darin keinen Gegensatz.
ᴍʜ: *unwirsch* Also, ich erfahr überhaupt nix über mich, jetzt scho' gar net. Wirklich wahr.

ᴍᴍ: Machen wir hier einmal einen Punkt.
ᴍʜ: *lacht kurz schallend, ein Theaterlachen, das gleich wieder aufhört* Es ist so etwas Seltsames.

ᴍᴍ: Sie bekommen doch, wenn Sie auf der Bühne stehen, und das hab ich wirklich miterlebt …
ᴍʜ: … eine Antwort.

ᴍᴍ: Ja, sicher!
ᴍʜ: Die Antwort versteh ich.

ᴍᴍ: Das ist doch auch eine Spiegelung Ihrer Person, die da oben steht. *sehr sanft* Das ist eine Spiegelung!
ᴍʜ: Aber ich seh's nicht so, ich seh's nicht so, ich seh's nicht so.

ᴍᴍ: Sie haben vorhin erwähnt, dass jemand sich persönlich so angesprochen fühlt von dem, was Sie auf der Bühne gesagt haben.
ᴍʜ: Das ist herrlich!

ᴍᴍ: Das ist eine Reaktion.
ᴍʜ: Das ist die schönste Reaktion, die ein Bühnenmensch haben kann. Und je interessanter die Bühnenrollen sind, desto aufregender werden die Reaktionen. Wenn man den Kari Bühl sieht, oder den Wallenstein! Das Theater arbeitet doch mit denselben Mechanismen wie das Kasperltheater, dass das

172

Publikum reagiert wie die Kinder und schreit: Aufpassen, aufpassen, da kummt er, da kummt er jetzt!

Aber in den Soloabenden ist das ja überhaupt nicht so. Was ich in all meinen Programmen immer mache, wirklich in all meinen Programmen, das hat sich so ergeben, weil ich das wollte, einfach, weil's mich interessiert: Ich rede in all meinen Soloprogrammen viel mehr über die, über die sonst nicht so viel geredet wird, über die, die sich mit dem Leben schwer tun, bei denen es halt nicht so klappt. Das hat mich immer mehr interessiert – vielleicht weil's bei mir eher doch anders ist. Und natürlich, da find ich Themen … Ich hab immer gesagt, mich interessieren die Frauen so, weil sie sooo viel begabter sind als die Männer, viel begabter, und auch in Ausnahmefällen, die ich Gott sei Dank kenne, ist ihnen viel mehr an Problemstellungen zuzutrauen. Ich hab mit Frauen über Dinge geredet, wo die meisten Männer gar nicht zuständig gewesen wären – die meisten, im Allgemeinen. Na, das Publikum sind doch die Frauen! Jeden Erfolg im Theater, aber schon jeden Erfolg im Theater entscheidet das Talent der Frau, das Talent der Frau. Frauen sind ja viel mehr bereit, sich auf abenteuerliche Geschichten einzulassen, wo ich immer sag: Wenigstens im Theater könnt's euch doch drauf einlassen! *MM lacht leise* Und wo die Männer aus Ängstlichkeit den Frauen gegenüber … aus Angst, sich einzulassen … also, schlag nach bei Schnitzler, kann ich nur sagen. Das sind doch die Sachen, die ich immer les …

мм: Ich hab Sie im Radio gehört, am Samstag.
мн: Mit was?

мм: *Bacchusfest.*
мн: Is' das net herrlich? Das Stück ist so herrlich! Alles wahr, gell, das wissen Sie, die ganze G'schicht ist ja wahr. Heinrich [Arthur Schnitzlers Sohn] hat noch gelebt, als wir das aufgenommen haben, und hat es mir gesagt. Es ist fabelhaft. – Nein, aber das ist es. Wissen Sie, was etwas so Merkwürdiges ist: Die Moral der Männer ist mir fad, die Moral der Frauen ist mir lustig.

MM: Lustig?

MH: Weil sie Dinge einfach so drehen, so begabt *lacht unterdrückt*, so wie Kinder etwas machen. Ich hab Ihnen doch einmal gesagt, eine Frau, die nicht a Mädel bleibt, und a Mann, der kein Bub bleibt, wenn die nur fade Erwachsene werden, das ist für mich verlorenes Leben! Du kannst es ja nicht mehr reparieren! Und das treffe ich viel öfter bei Männern, die sich in ihrer Karriere verausgaben, oder in einer Pflicht, die sie sich selbst auferlegen – »Ich muss doch für die Familie sorgen«. Das seh ich viel, viel öfter bei Männern als bei Frauen, wie soll ich sagen: Ich seh den Glanz einer Person verkommen. Frauen sind da … na, Frauen sind stärker, ganz klar. Nämlich: Eine Frau fragt auch nicht immer, was bringt es. Auch im Verlust. So viele Leute machen etwas nicht, weil sie sich ausrechnen, was sie verlieren könnten. Das ist natürlich alles subjektiv, keine Regel für jemand andern. Ich hab immer zuerst an die Freude bei einer Sache gedacht, und dann war oft der Verlust viel größer *lacht*, aber ich lache jetzt. Ich habe natürlich im Moment gesagt *emotionslos*: Blödsinn, dass ich das gemacht hab, aber im Nachhinein denke ich: Und doch war's richtig! Und auch das hab ich mir ja eigentlich schon vorher gedacht. Nicht justament, sondern es ist, was die Helene gesagt hat: Ohne Leichtsinn will ich nicht leben.

Ich kann mich erinnern, als ich zum ersten Mal im Dorotheum war, das war noch fürs Tiroler Haus. Ich hab das Dorotheum ja erst hier kennen gelernt, als junger Schauspieler. Ich bin *prustet leise vor Lachen* mit dem Loek ins Dorotheum gegangen, und ich wusste nicht, was Sensale sind. Ich hab gedacht, das sind die Leute, die das meiste Geld haben, und die können kaufen, was sie wollen. *MM lacht* Ich hatte eine Aversion gegen die, und einen solchen Hass im Bauch, dass ich's gar nicht sagen kann. Und da war ein Rahmen, ein scheußlicher Rahmen, den nur der Loek gerettet hat, der hat ihn dann angemalt, in Blitzblau und Grün, und er wurde besser und eigentlich lustig, weil er schaute auf einmal so bäuerlich aus. Ein falscher Blondelrahmen, zwanziger Jahre des neunzehnten Jahrhunderts, Weiß und Gold, so falsches Schönbrunn. Ich bin nur hineingefallen, weil eine Sensalin immer so machte *hebt die Hand*, und ich machte auf einmal auch so und blieb hängen an dem scheußlichen Ding. Ich hatte kein Geld, dieser Rah-

men war für mich so überflüssig wie ein Kropf, Sie verstehen, was ich meine? Und der Loek hat gesagt: Ja, den müssen wir jetzt zahlen!

Wie auf Stichwort ist Loek Huisman, von MH zunächst nicht bemerkt, in den Garten gekommen.

MH: *mit unterdrücktem Lachen* Loek hat mich gefragt, das wissen wir beide *dreht sich plötzlich um und sieht LH* – ah, er sitzt eh da, er hätte mitreden können – also Loek fragte mich: Warum hast du das gemacht? *MM lacht* Mittlerweile weiß ich, was Sensale sind. Und dieser Rahmen wanderte ins Tiroler Haus.

MM: *leise* Was täten Sie ohne Loek …

MH: *rasch, energisch* Das fragen Sie mich nicht! – Das weiß ich nicht. Aber das ist eine nicht beantwortbare Frage. Was wäre wenn, was wäre wenn … Das fängt damit an, dass ich den Eltern gesagt hab, wenn's mit dem Theater bis fünfundzwanzig nix is, mach i was anderes. *rhetorisch* Was hätten Sie dann gemacht? – Was ich Ihnen schon gesagt hab: Ich wäre vielleicht Bildersammler oder Antiquitätenhändler geworden, ich hätte versucht, mit meinen Augen etwas zu machen, und zu lernen, was ich ja immer getan hab. Ich habe ja immer gelernt, bis zum heutigen Tag. Es ist mir ein solches Vergnügen! Das Schöne an den Rollen war ja die Beschäftigung mit den Dichtern, das Inwendiglernen, dadurch hab ich's, dadurch hab ich's! Da ist ein Anspruch, ein legitimer, gebildet worden, der Sprache gegenüber. Ich bin *laut, sehr akzentuiert* allergisch, was jetzt sprachlich so üblich ist, in der Presse und so. Denen den Karl Kraus zu wünschen! Verstehen Sie, was ich mein'? Umschau'n darf man sich da heut nimmer!

MM: Schon lang nicht mehr.

MH: Aber jetzt sind wir an einem ganz wichtigen Punkt, da ist in den viel jüngeren Generationen offenbar etwas verloren gegangen. Nämlich: Ich mach es doch mir zuliebe, und niemand anderem zuliebe! Ich geh doch sorgfältig um mit dem, was ich tu: mit meinen Rollen, mit meinem Garten, mit'm Kochen, mit meinen Soloabenden – mir zuliebe, weil ich es so gern habe! Ich denke nach über *Servus Du, Servus Du* – aber doch für mich! Ich lass doch andere nur teilhaben daran, an meinem Vergnügen, und hab dadurch diesen herrlichen Beruf. Weil das andere ist ja wirklich quasi nur für mich. Aber dass ich einen Beruf hab, wo ich bezahlt werde für das, was ich so wahnsinnig gern hab, dass das auch mein Brotberuf geworden ist, dass ich dafür ein Publikum gefunden hab! Und das ist es, was die Leute spüren, die mir dann sagen, das haben sie so noch nicht erlebt.

Im Nachhinein: Ich glaub, dass ich mit diesen ganz jungen Liebhabern, bei Schiller und wo sie halt waren, wirklich nahe der Erfüllung war, nahe. Es ist nicht zu erfüllen, aber das glaube ich wirklich. Und zwar glaube ich es durch das, was da kam, aus dem Zuschauerraum. Zu Haus' weiß ich das net. Zu Haus' lieb' ich es und verstehe es, *mit Nachdruck* verstehe es, verstehe es. Versteh bis heute die erste Szene *Don Carlos. rezitiert den Monolog des Domingo, etwas stockend* »Die schönen Tage in Aranjuez sind nun zu Ende. […] Dieser stille, feierliche Kummer, Prinz, den wir seit Tagen [acht Monde] schon in den Mienen [in Ihren Blicken] lesen [… hat Seiner Majestät schon manche sorgenvolle Nacht gekostet, und manche Träne] Ihrer Mutter« – *schreit* Mutter, das erste Mutter! – das ist so nah an Freud, ah, da ist der Freud ein Patzer dagegen, wenn der Schiller sagt: »Mutter! Das hätt' nicht kommen dürfen« – würde ein schlechter Autor jetzt sagen. Alles hätte der Domingo sagen können, ich [sic!] hätt' ihm nie geantwortet, weil der Carlos will den sich tot reden lassen, den Domingo. Ganz modern gesagt, der lauft auf Sand – Mutter …

So hab ich das gespielt [in der Regie von Gustav Manker 1966 im Theater in der Josefstadt]. Natürlich hat der Manker gesagt, das ist nie vorher so gespielt worden. Das blieb meiner Generation vorbehalten. Da gab's in England die zornigen jungen Männer, Osborne, Stoppard, Pinter, Sachen, die ich auch gespielt habe, wie den Lenny [in Pinters *Heimkehr*] und den Tristan Tzara in *Travesties*. Aber ich hab das in den Klassikern genauso gesehen, *schreit* das ist ja alles da, das ist ja da! Der Egmont ist ja ganz anders, als ich's vom geliebten Balser gesehen hab, so was Standfestes glauben wir ja nicht mehr, das glauben wir ja nicht mehr! Und drum gehört das Theater, siehe oben, immer wieder den Jungen, Neuen, und wenn sie's noch so mir unverständlich machen! Es ist ihre Zeit. Noch so mir unverständlich, Sie

verstehen, was ich mein, dass ich sag: Nein, da hab ich was anderes gern, was anderes gern … oder auch: Mach es dir nicht zu leicht! Das ist das einzige: Mach dir die Zertrümmerung nicht zu leicht, sonst wird's ein Puzzle, ein x-beliebiges, sonst wird's poppig. Und ich würd' einem Jungen sagen: Da ist mehr drin, da ist mehr drin, da ist mehr drin.

Ich glaube, meine Beschäftigung mit den Sachen war elementar. Da hab ich mich wiedergefunden, nach Jahren: in der Zeit mit dem Poldo Rudolf, in der Zeit, in der ich jung war und er alt, oder älter. Und ich habe im Nachhinein über den Carlos Nächte geredet mit dem Oskar Werner. Ich habe mich natürlich gefunden bei der Helene Thimig, und bei der Käthe Gold, und hab mich sehr gefunden mit der Wessely, klar, wo ich immer so gesagt hab: Weißt du, ich hab so irgendwie das Gefühl, so ein unbestimmtes … Da war ich ja noch jung, net!

In meiner Zeit fing das an, dass man festgestellt hat, es war alles zu alt besetzt. Ich war der jüngste Tellheim, den es in Wien je gab, der jüngste Misanthrop, der jüngste Wallenstein. Wegen der Reife hab ich einmal mit der Bergner geredet; ich sag immer, die Elisabeth Bergner war der Einstein unter den Schauspielern, was die Intelligenz angeht. Da hat sie gesagt: Der Dichter ist reif. Das Genie war voraus, das Genie war voraus.

Strehler natürlich, der Italiener, hat das auf den Punkt gebracht: Die Deutschen werden Faust wahrscheinlich nie richtig spielen. Der Faust denkt leicht, und die deutschen Schauspieler denken schwer.

мм: Aber die Besetzungen seinerzeit waren ja auch, sehr profan, eine Frage der Hierarchie, und die Schauspieler waren dann eben oft schon zu alt dafür. In Ihrer Generation war das zum ersten Mal durchbrochen. Und als Sie kamen, war keiner anderer da!

мн: Nach wie vor, es war ein Glücksfall. Ja, es war ein Glücksfall. Dieser Glücksfall war der [Gustav] Manker bei mir – also, meine Glücksfälle haben alle einen Namen, kann ich Ihnen sagen. Dass der Manker so früh auf mich eingestiegen ist, und mit einem Stück wie *Troilus und Cressida* … das war wirklich der Instinkt vom Manker. Es war eine sehr gute Konstellation – aber ich bin gelenkt, ich sag's ja immer, ich sag's ja immer.

Bild links: *Im schönsten Weinhauerhaus von Wien: mit Käthe Gold in deren Domizil in Sievering, 1991*

179

Dass der Romeo bei mir nach Hamlet kam, das fand ich auch zu spät, das hab ich ihm immer gesagt, und er hat nicht widersprochen. Aber er hat es dann natürlich durchgezogen. Der Glücksfall war der Manker. Ein Stück wie *Troilus und Cressida* haben die am Burgtheater überhaupt nicht gespielt!

Ich habe sicher auch deswegen nicht versagt, weil: Ich muss Ihnen sagen, niemand, niemand konnte so überrascht sein wie ich, von dem, was bei *Troilus* im Volkstheater los war. Da gibt es diese Szene im fünften Akt, wo Troilus den Betrug der Cressida mit anhört, [wie sie sich mit Diomedes verabredet]. Und der Troilus mit dem Ulisses, den der Ernst Meister gespielt hat, hört an der Rampe zu. Da zu sagen: »Cressida! Falsch!« – des war noch net da, in Wien, was da beim Heltau war, das war nicht da, das war nicht da! Das war der Anfang, und es hörte nicht mehr auf, es hörte bis zum heutigen Tag nicht mehr auf, was immer ich gemacht hab. Sie kamen zu mir, um Gefühle zu haben, die sie sich ersehnt haben, im Lauf ihres Lebens. Die jungen Leute haben sich mit mir identifiziert, wie das jetzt nur bei Popkonzerten ist. Die Kritiker, die natürlich nachgehinkt sind, selbstverständlich, die haben sich beschwert über das junge Publikum, dass die so geschrien haben bei mir. Die haben dann geschrieben: Der Heltau wäre auch gut, wenn die nicht so schreien würden. Das ist natürlich. Das waren andere Leute, die nicht so jung waren wie der da oben, der so beneidenswert weinen konnte. Und die Leute zum Verliebtsein ansprechen konnte. Aber so etwas werden Sie nicht von mir hören. Ich weiß um die Woge, die mich getragen hat, die Woge, nach der Vorstellung. Aber ich bin nicht auf die Bühne gegangen mit dem Gedanken: Es wird die Woge mich tragen.

мм: Davon gehe ich aus.

мн: Naja, *ungehalten* davon gehen Sie aus, bei mir hoffentlich! Aber mit dem Sympathiebonus gehen viele Leute auf die Bühne, ich weiß es, ich komm aus dem Metier und bin im Metier. Ich fing unten an. Das Feuer, die Woge muss immer neu entfacht werden. Und: Es muss unvergleichlich sein und nicht in Konkurrenz zu irgendjemand andern. Ich habe mich nie zu irgendjemand in Konkurrenz gesehen oder mich zur Konkurrenz von irgendjemand machen wollen. Es ist niemandem gelungen, mich in ein Konkurrenzverhältnis zu bringen, weil ich sofort bereit war, zu sagen: Der – ja natürlich! Das war mit allen meinen Direktoren so, in den Verhandlungen: Ja, also wenn Sie's nicht spielen, oder wenn du's nicht spielst, dann spielt's der. Sag ich: Ja. Das ist doch gut.

Aber das Schöne ist das, was ich jetzt gerade erlebe, wo ich so lange weg bin vom Burgtheater. [MHs letzter Auftritt als Schauspieler im Burgtheater war im Jänner 2004 mit *Love Letters*.] Kollegen haben mich gefragt: Wenn du so eine Pause machst, was ist dann? Da hab ich immer gesagt: Dann wird man mich wieder entdecken, oder man wird mich vergessen. Und im Moment, im Moment … Klaus Bachler wollte unbedingt, dass ich *akzentuiert* irgendetwas mache, irgendetwas lese. Sag ich: Klaus, ich les überall, wenn ich am Burgtheater les, les ich halt am Burgtheater auch. Vorgestern, ich war im Studio, da rief der Blasche [Gerhard Blasche, Künstlerischer Generalsekretär des Burgtheaters] an, und das ist halt wirklich der Stil von Bachler, so muss ein Direktor sein. Also Blasche rief an: Es ist nicht eine Respektlosigkeit, dass das über mich kommt, sondern Bachler hat gemeint: Ihnen kann er leichter absagen. – Das find ich allein schon wunderbar. Das ist mir noch nie passiert, aber das ist Klasse, meine Liebe!

MM: *lacht* Er kennt Sie gut!

MH: Sonst hieß es, wenn ich von Theatern angerufen wurde: Jetzt hab ich das Schönste für Sie, was es überhaupt gibt! Da hab ich immer drauf gesagt: Wahrscheinlich hat Ihnen grad wer abg'sagt! – Ich habe nicht vorausgesetzt, dass ich die erste Wahl war.

Und Bachler möchte, dass ich ein ganzes Jahr lang mit einem Programm, das ich will, im Burgtheater auftrete. Und ich habe geantwortet: schon zugesagt! – Und gestern rief Karin Bergmann [Vizedirektorin des Burgtheaters] an: So eine Freude im Haus, das hat's lange nicht gegeben, dass du kommst und deinen Platz einnimmst! Hab ich gesagt: Du, ich hab keinen Platz – Doch, einen unbesetzten, immer! Und dann rief mich am Nachmittag der Klaus an, sag ich: Schau, Klaus, das ist so wie bei Hofmannsthal, was ich dir immer gesagt hab: 's wird sein, wenn's sein soll.

So ist mein ganzes Leben: Nie irgendetwas nach dem Motto: I mechert so gern. Ich bin nicht so ordinär, dass i sag: Des mechert i a. Ich bin zwar von ganz einfachen Leuten, aber ich habe immer gewusst: Für Armut braucht man sich nicht schämen, und man soll Armut nicht heroisieren, sondern: Geh da deinen Weg. – Hab ich Ihnen erzählt, was [Boleslaw] Barlog zu mir gesagt hat? – Wo die Prinzen geboren werden, ist noch immer ein Geheimnis.

Pause

Ist ein schöner Satz, ein schöner Satz, nicht? *versucht, ihn mit Berliner Akzent zu wiederholen* Ich kann das nicht mehr, ich konnte es, aber so was geht weg, komischerweise, wenn man nicht mehr mit den Leuten ist. Man muss es im Ohr haben, und man muss es auch im Geist haben. Ich hab doch diese Art zu denken so gemocht, diese Ruppigkeit, die ja nicht ruppig ist. Das hat mir sehr gefallen. Das hat die Schauspieler sehr erzogen, das war für die österreichischen Schauspieler, also für die Süddeutschen, für unsereinen, eine gute Schule: Komm net ins Singen! Heraus kamen dann natürlich Leute wie Balser oder Gold. Dann gab's die andern, die gefährdet waren, hier in Wien. Die Seidler, der Moser – die waren nie gefährdet. Es gibt die paar ungefährdeten. Aber das ist man schon nicht leicht, net.

Pause. MH schaut auf MMs Füße unterm Tisch. Sagt mit wechselnder Betonung: Schöne Sandalen, schöne Sandalen, schöne Sandalen.
Die Katze kommt über den Rasen, er ruft sie: Puppi, Puppi! Sie ist süß, gell? – Noch einen Schluck? *MH schenkt Wasser nach.*

Ein neues Programm am Burgtheater, da kann ich mehr Literatur riskieren, da freu ich mich drauf. Das geht im Konzerthaus nicht, es ist akustisch nicht adäquat zu vermitteln, aus einem einfachen Grund: Es krepiert auf dem Weg. Es wird heilig, in dem großen Saal, bis es nach hinten kommt. Das, was einfach und direkt sein soll, wird – ahhh! Die Stimme von Oben nenn ich das. Das ist schrecklich.
Und dann mach ich nix anderes als diese Abende. Und das ist auch wieder eine gute Sache, dass ich anderen Veranstaltern sagen kann: Entschuldigen,

ich bin am Burgtheater engagiert, ich bin der Doyen. Es geht ja um Publikum, das ich brauche, so und so oft. Aber das freut mich. Schauen Sie! *zeigt Gänsehaut auf seinem Unterarm*

Sie glauben nicht, und niemand hat es gemerkt, wie viele – wenn man's so nennen will – Durststrecken es gab. Ich habe sie nur nicht zu Durststrecken gemacht, für mich, weil ich habe weitergetan, und nicht lamentiert: Warum spiel ich das nicht? Das macht einen so fertig, das hab ich an vielen Kollegen gesehen, hab's immer an Beispielen studieren können. Ich hab immer studieren können, wie großes Geld, wie große Karriere weggeht.

Ich hab Ihnen ja erzählt, dass ich *Die Schwarzwaldklinik* spielen sollte. Na, ich wär' vom Theater für alle Zeit weg, weg! Es wäre doch unmöglich, dass ich mit vierundsiebzig im Burgtheater ein neues Programm mach', wenn ich diese *Schwarzwaldklinik* gemacht hätte …

MM: Das Haus hätten Sie schneller abbezahlt.

MH: Das wäre sofort abbezahlt gewesen, sofort! Rademann wusste, dass ich das Haus baue, der ist ja sehr nett zu mir gewesen *imitiert ihn*: Na, Sie bau'n doch 'n Haus. Ich hätte das Haus abbezahlt – und glauben Sie mir's: Ich würde das Haus nicht mögen!

Es ist jetzt alles hier auch so geworden, wie ich es wollte. Glücklicherweise hatte ich ja im Fernsehen immer wieder den *Liedercircus*, und ich hab etliche Tourneen gemacht. Ich hab die *Stellvertreter*-Tournee gemacht, fast dreihundert Mal [Rolf Hochhuths *Der Stellvertreter*, ab 1972, BRD und Schweiz], ich hab die Tournee mit *Glasmenagerie* gemacht [1970, BRD und Schweiz], den *Leibgardisten* [1984, Österreich–BRD–Schweiz], die Singe-Tourneen mit dem Fritz Rau, da stand auf dem Plakat – für ein Jahr: Liza Minnelli, Frank Sinatra, Shirley Bassey, Sammy Davis jr., und mittendrin stand ich! Das kam durch den *Liedercircus*, aber verstehen Sie, was ich meine: in diesem Kontext! Ich musste es wahr machen, ich musste es wahr machen, ich durfte nicht abstinken, nicht beim Publikum, und auch nicht im Echo bei den Kritikern.

Nein, aber das Haus hätt mi net g'freut. Und Loek und Helene, sie ließen mich immer vollkommen allein entscheiden, sie haben nie hineingeredet.

184

Aber sie haben mit mir gedacht, und das ist so wichtig, die Fragen: Was meinst du, was meinst du? Macht es dir Freude?

MM: Auch das meine ich zum Beispiel mit dem Spiegel.
MH: Na, wenn Sie das sagen … na ja, da erfährst du schon was über dich, das ist schon wahr, aber ich seh's anders wie Sie.
Also: Macht es dir Freude? – Dann war bei mir immer die Reaktion: Überhaupt nicht. Nein, ich kann's leider nicht machen. – Ist das Ihr letztes Wort? – Ja, mein letztes Wort.
Ich hatte auch Glück mit meinen Agenturen. Jetzt ist das die junge Carola Studlar in München, die sagt: Du bist einzigartig bei mir! Immer heißt es: Ah, der Heltau ist bei dir! Was macht er? – Nix! *MM lacht* Sagt sie: Und damit schmück ich mich.
Wir treffen Pofeln, mehr als uns lieb ist, aber die Quintessenz sind bei mir lauter gute Leut'.
Ich hab die Helene Thimig einmal gefragt: Warum, glaubst du, ist die Garbo so unvergleichlich und so ein Mythos? Und da hat die Helene gesagt *imitiert sie kaum merklich* Na, es ist doch ganz einfach, Michel, sie ist die Appetitlichste. – Das muss man sagen können, dieses Wort dafür. Das sind Leute, die mit Hofmannsthal befreundet waren, wo ein Vokabular geherrscht hat – das ist vorbei. Dass das Wort appetitlich für einen Menschen die höchste Auszeichnung überhaupt sein kann, die es gibt …
Da möchte ich, dass etwas davon in unserem Buch zum Ausdruck kommt. In dem Sinn, wie Strehler gesagt hat: Man muss nicht etwas machen, was alle verstehen, aber worüber alle nachdenken. Das heißt, man bleibt dabei, man denkt: Ich werd's verstehen, was das gemeint hat.
Ich hab oft in meinem Leben gesagt: An mir beißt man sich die Zähne aus. Der Beruf des Schauspielers ist sozusagen der Schlüssel, warum man das Buch macht. Aber ich möchte, dass diese anderen Sachen auch vorkommen: Was mir an Menschen imponiert hat!

Gespräch im Garten in Salmannsdorf am 20. Juni 2007

Epilog

Der kabarettreife Dialog rund um den Satz »Ich interessiere mich überhaupt nicht für mich selbst« – ein erstaunliches Statement für einen Schauspieler, wie ich finde, nicht nur im Hinblick auf jene berufsbedingte Egozentrik, von der MH ja keineswegs frei ist, sondern vor allem wegen der Tatsache, dass Schauspieler, mehr noch als andere Künstler, alles, was sie zeigen, unmittelbar aus ihrem eigenen Wesen schöpfen – hatte ein Nachspiel. Der ominöse Satz entpuppte sich bei einem Telefongespräch ein paar Tage später als Element jener »Privatsprache«, auf die ich immer wieder hereingefallen bin, was im Lauf unserer Zusammenarbeit zu teilweise beträchtlichen Missverständnissen und Auseinandersetzungen führte. In jenem Telefonat formulierte MH den Satz neu, so dass ich ihn in seiner Bedeutung und Tragweite erstmals verstehen konnte: »Ich habe nie Selbstreflexion betrieben«, sagte MH, und verknüpfte diese Aussage zum ersten (und nicht zum letzten) Mal mit der Absage: »Ich will kein Buch!«

Der Kampf um die Sinnhaftigkeit – und um die Zumutbarkeit – dieses Unternehmens, bei dem MH sich in konzentrierter Form mit sich selbst konfrontiert sah (und diese Konfrontation ging in seinem höchstpersönlichen Bereich natürlich viel weiter und tiefer, als es in unseren Unterhaltungen zutage tritt), hat uns bis zuletzt in Atem gehalten, hat uns viel Zeit und Nerven gekostet, hat uns einander aber manchmal auch sehr nahe gebracht. Dass MH den Mut, die Kraft und den guten Willen hatte, sich diesem Prozess auszusetzen, dass er letztlich bereit war, bis zum Ende mitzugehen, dokumentiert die außergewöhnliche Intelligenz und die unversiegbare Neugier eines Ausnahme-Schauspielers, der hier im letzten Abschnitt seiner vielgestaltigen Laufbahn noch einmal seiner Maxime gerecht wird. In seinem Beruf komme es vor allem darauf an, immer wieder neu entdeckt zu werden, hat er zu Protokoll gegeben. Ich denke, es ist ihm mit diesem Auftritt ein weiteres Mal gelungen. MM

Bild links: *Mit Katze Milli im Winter 2006. In der Conférence zu Bruder Leichtsinn figuriert sie als Milli Rahm, geborene Strudel, Primaballerina der k. u. k Hofoper. Den Blütenflockenwalzer aus 1001 Nacht tanzt sie nun wohl in anderen Sphären; sie durfte das Frühjahr 2008 nicht mehr erleben.*

187

Biographische Angaben

1933 Geburt am 5. Juli in Ingolstadt als erstes Kind von Jakobine Graf (1915–2003) und Georg Huber (1912–1978); Taufnamen: Heribert Michael.

Das Kind wächst in einer Großfamilie mit Urgroßeltern und Großeltern mütterlicherseits auf und befindet sich dabei vor allem in der Obhut der Urgroßeltern Jakob und Theresia Graf; Jakob Graf war bis 1912 Chefkoch am Hof des Prinzregenten Luitpold von Bayern in München. Der Bub erfährt in der von Heiterkeit, Gelassenheit und Lebensweisheit bestimmten Beziehung zu den Urgroßeltern die wichtigste Prägung; er wird nicht nur sehr liebevoll, ohne Gebote und Verbote erzogen, sondern partnerschaftlich im modernsten Sinn: Er wird von klein auf mit seinen Meinungen und Wünschen akzeptiert. »Mein ganzes Kapital sind die ersten fünf Jahre. Ich war ein Prinz.«

1935 Geburt der Schwester Edith.

1938 Der Vater, Lokomotivführer bei der Firma Moll, bekommt Arbeit beim Autobahnbau in Seewalchen am Attersee.

1939 ff »Der Bua« übersiedelt im Frühjahr mit der Mutter ebenfalls nach Seewalchen; Trennung von den Urgroßeltern; Schwester Edith bleibt noch bei den Großeltern in Ingolstadt.

Heirat der Eltern.

Besuch der Volksschule in Seewalchen.

Der Vater wird zur Wehrmacht eingezogen.

Die aus Wien gebürtige Taxiunternehmergattin Rosel Waldmann und der Benediktinerpater Corbinian, die im Sommer eine Theatergruppe für Kinder organisieren, entdecken das schauspielerische Talent des Buben; erster Erfolg in einer eigens für ihn erfundene Rolle in Andersens Märchen *Der Schweinehirt*, als »Hofmarschall Zitronat«; unter den Zuschauern ist auch Käthe Dorsch.

1943	Realgymnasium in Gmunden; Internat bei den Benediktinern.
	Über Vermittlung von Rosel Waldmann probeweiser Aufenthalt in der Napola in Breitensee bei Wien; die Mutter verhindert die Aufnahme in der nationalsozialistischen Eliteschule und erreicht überdies bei der lokalen Nazi-Organisation in Gmunden die Befreiung ihres Sohnes von der Pflichtmitgliedschaft beim Deutschen Jungvolk.
	Wegen Abhörens von Feindsendern wird die Mutter in Vöcklabruck von der Gestapo einvernommen.
1945	Ausweisung aus Österreich; der Zwölfjährige kehrt mit Mutter und Schwester über Schärding nach Ingolstadt zurück, wächst in die Rolle des Familienoberhaupts hinein.
1946	Besuch der Oberrealschule in Ingolstadt.
	Geburt der Schwester Heidi.
	Begegnung mit Erna Labitzky, einer kultivierten und kunstbegeisterten Emigrantin aus Karlsbad; die allein stehende, kinderlose Frau schließt sich eng an die Familie an und wird zu einer inspirierenden Kraft für den Halbwüchsigen – eine frühe Muse.
	Erste Theateraktivitäten: Heribert Huber spielt einen von drei Gassenbuben in *Das tapfere Schneiderlein* und das Gretchen in Szenen aus Goethes *Faust*.
	Intensive Tätigkeit als Ministrant im Liebfrauenmünster in Ingolstadt; der Halbwüchsige erlebt die Sinnlichkeit und den theatralischen Zauber der katholischen Rituale.
1947	Heimkehr des Vaters aus Stalingrad.
1948/49	Prägende Theatereindrücke an den Münchner Kammerspielen, wo Erich Engel Brecht inszeniert.
1950	»Heri« begleitet eine Schulkameradin zum Vorsprechen an der Falckenbergschule in München; die Schauspielerin Maria Koppenhöfer wird auf den Stichwortgeber aufmerksam und lädt ihn zu einem privaten Vorsprechen ein; danach schreibt sie einen Brief an seine Eltern, in dem sie ihm außergewöhnliche Begabung bescheinigt.
1951	Abitur. Entschluss, sein Talent von einer zweiten Instanz beurteilen zu lassen. Mit Hilfe von Rosel Waldmann reist er mit falscher Identitätskarte

nach Wien zum Vorsprechen am Reinhardt-Seminar; er wird aufgenommen und erhält als erster ausländischer Student ein Stipendium; Helene Thimig wird seine wichtigste Lehrerin.

Trennung von der Familie; Rosel Waldmann besorgt ein Quartier und unterstützt den Studenten mit 100 Schilling im Monat.

1952   In einer Seminar-Aufführung von Gerhart Hauptmanns *Hanneles Himmelfahrt* spielt er einen 72jährigen Mann; seine Jahrgangs-Kollegen sind Chariklia Baxevanos, Brigitte Antonius, Peter Weck, Otto David, Sieghard Rupp und Walter Schmidinger; mit Schmidinger entwickelt sich eine Freundschaft.

1953   Heribert Michael Huber verkörpert am Seminar die Titelrolle in Goethes *Urfaust*; Reifeprüfung mit vorzüglichem Erfolg.

August: erstes Engagement in Würzburg. Ab diesem Zeitpunkt nennt er sich Michael Heltau.

November: erster Durchbruch als Biff in Arthur Millers *Tod eines Handlungsreisenden*. Durch Zufall sehen Fritz Kortner und Kurt Horwitz eine Vorstellung; Horwitz engagiert MH für die folgende Saison ans Münchner Residenztheater.

1954   Begegnung mit dem vielseitigen Künstler Loek Huisman.

Huisman, geboren 1926 als jüngstes Kind einer niederländischen Diplomatenfamilie auf Java, aufgewachsen in Den Haag, lebt seit 1947 in Wien und ist ebenfalls Absolvent des Max Reinhardt-Seminars; als Schauspieler war er zunächst am Theater *Die Insel* und am Burgtheater im Ronacher tätig. Nun wird er zum wichtigsten Partner von MH, leistet mit eigenen Stücken, Übersetzungen und Inszenierungen wesentliche Beiträge zu MHs Theaterarbeit und ist als Komponist, Poet und Regisseur die entscheidende künstlerische Kraft hinter dessen Karriere als Entertainer.

Am Residenztheater arbeitet MH mit Gustav Rudolf Sellner und Bruno Hübner.

MH dreht seine ersten Filme: *Kabarett* (Regie: Willi Forst, mit Paul Henreid, Eva Kerbler, Nicole Heesters) und *Schloss Hubertus* (Regie: Helmut Weiss; mit Gustav Waldau, Lil Dagover, Marianne Koch).

Erste Fernseh-Produktion: *Unsere kleine Stadt* nach Thornton Wilder.

Das Genre Fernsehfilm gilt damals als neue, zukunftsträchtige Kunstform und bietet MH vor allem in den sechziger Jahren, als er keine Kinofilme mehr macht, interessante Alternativen zur Theaterarbeit.

1955   MH filmt mit Romy Schneider und Hans Albers: *Der letzte Mann*; Regie: Harald Braun.

Bis 1961 folgen acht weitere Kinofilme im Stil der damals beliebten Familienunterhaltung, durchwegs mit prominenten Partnerinnen und Partnern wie Luise Ullrich, Maria Andergast, Winnie Markus, Adrienne Gessner, Ingrid Andree, Wolf Albach-Retty und Paul Hörbiger. Danach verliert MH das Interesse und nimmt keine weiteren Angebote mehr an. »Ich hab das alles nicht verstanden. Da geht's ja um nix.«

1956   Debüt am Theater in der Josefstadt [Direktion Franz Stoß/Ernst Haeusserman] in dem Schwank *Diebelei*; Partner von MH ist Leopold Rudolf; »Poldo« wird für MH zum wichtigsten Mentor; in gemeinsamen Produktionen, etwa in Schnitzler-Aufführungen an der Josefstadt (*Der einsame Weg, Liebelei*) und in der TV-Verfilmung von *Kabale und Liebe* entsteht eine außergewöhnliche künstlerische Partnerschaft.

MH bezieht die erste Etage eines Weinhauerhauses in der Agnesgasse in Wien/Sievering, die er modernisiert und nach eigenen Ideen gestaltet; die Heurigenkellnerin Barbara Schubczik, die im Erdgeschoss wohnt, wird auf ihre Art zu einer wichtigen Bezugsperson; sie vererbt MH ihr Kochbuch *Die Perle*.

Freundschaft mit Irmgard Seefried und Wolfgang Schneiderhan, die in der Nachbarschaft angesiedelt sind.

1957   Erster Erfolg am Theater in der Josefstadt in Arthur Millers *Blick von der Brücke*.

1958/59 Gesangstudium an der Akademie für Musik und Darstellende Kunst bei Elisabeth Radò und Erik Werba.

1960   Erste Begegnung mit Jacques Brel in Antwerpen.

1961   MH arbeitet in Berlin mit Erwin Piscator: an der Freien Volksbühne (Theater am Kurfürstendamm) spielt er den Happy in *Tod eines Handlungsreisenden* (mit Leonard Steckel).

1962   MH erwirbt ein historisches Bauernhaus in Westendorf/Tirol und renoviert es gemeinsam mit Loek Huisman nach allen Regeln der Kunst. »Ich habe immer sehr schön gewohnt.«

MH verzeichnet seinen ersten Operetten-Erfolg: Neben Marika Rökk spielt er am Raimundtheater in Paul Abrahams *Ball im Savoy*.

1963   MH debütiert am Volkstheater; *Troilus und Cressida* (mit Elfriede Irrall) ist seine erste Zusammenarbeit mit Gustav Manker, der für ihn zum wichtigsten Regisseur neben Giorgio Strehler wird.

1964   MH dreht mit Paula Wessely die TV-Verfilmung von Oscar Wildes *Eine Frau ohne Bedeutung*.

MH debütiert bei den Salzburger Festspielen als Guter Gesell im *Jedermann*; Regie: Helene Thimig.

Im zweiten Halbjahr arbeitet er mit Boleslaw Barlog am Schillertheater in Berlin.

Die erfolgreiche Lesung von Goethes *Die Leiden des jungen Werther* wird zu MH's erster Schallplatte.

1965   Giorgio Strehler sieht MH als Herzog Albrecht in Carl Orffs *Die Bernauerin* in Stuttgart und engagiert ihn für den Sommer desselben Jahres als Bassa Selim in Mozarts *Entführung aus dem Serail* bei den Salzburger Festspielen; mit dieser Rolle macht MH europaweit Karriere: bis 1986 spielt er sie regelmäßig an vielen großen Opernhäusern, darunter an der Mailänder Scala, am Teatro La Fenice in Venedig und an der Opéra de Paris.

1966   MH arbeitet am Hamburger Schauspielhaus mit Oscar Fritz Schuh (Shakespeares *Troilus und Cressida* und *Undine* von Jean Giraudoux).

1967   Debüt am Burgtheater [Direktion Ernst Haeusserman] als Desmoulins in *Dantons Tod*; Regie: Otto Schenk. Schenks Frau Renée handelt einen sehr vorteilhaften Vertrag für MH aus.

Welttournee des Burgtheaters mit dem Dreipersonenstück *Johann Wolfgang (Der junge Goethe)* von Loek Huisman (mit Helene Thimig und Johanna Matz); anlässlich seines Auftritts in New York schreibt die Kritik: »This could be the Hamlet of our days.«

MH wird von Hollywood entdeckt: Er soll den Duke of Windsor in der Verfilmung von dessen Memoiren spielen, mit Audrey Hepburn als Wallis Simpson; Regisseur ist der aus Berlin gebürtige Oscar-Preisträger Mike

Nichols (*Wer hat Angst vor Virginia Woolf*, *Die Reifeprüfung*). In Los Angeles werden Verhandlungen mit Jack Warner geführt. Als MH realisiert, dass er für dieses Projekt drei Jahre lang seine Theaterarbeit unterbrechen müsste, lehnt er das Angebot ab. »Ich wusste, das hat alles nichts mit mir zu tun.«

Eine Show von Jacques Brel, die er am Broadway sieht, weckt MHs Faszination fürs Entertainment.

1968   MH erhält aufgrund seiner Verdienste um die Republik Österreich die Österreichische Staatsbürgerschaft.

1969   Produktion von Tennessee Williams' *Die Glasmenagerie* für die Bregenzer Festspiele, mit der 1970 auch eine ausgedehnte Tournee stattfindet. MHs Partnerin ist Käthe Gold, mit der schon seit langem eine enge persönliche Beziehung besteht.

MH dreht den TV-Film *Maximilian von Mexiko*.

MH verkauft das Haus in Tirol und erwirbt ein Grundstück in Wien/Salmannsdorf, wo er rund um eine denkmalgeschützte Linde ein Haus nach eigenen Entwürfen bauen lässt.

Im Studienjahr 1969/70 hält MH einen Meisterkurs am Reinhardt-Seminar und wiederholt dies 1977/78.

1970   Als *Hamlet* (mit Kitty Speiser als Ophelia) avanciert MH zum Star des Volkstheaters unter Gustav Manker und spielt anschließend seine erste Charakterrolle: den Vater Bri in *Ein Tag im Sterben von Joe Egg*; Regie: Loek Huisman.

Bei den Mozart-Matineen der Salzburger Festspiele beginnt MH seine Lesungen von Mozart-Briefen, die in den folgenden Jahren ein unverwechselbares und unvergessliches akustisches Bild des Komponisten prägen.

Soloabend *Kinder und Narren* nach dem Buch von Loek Huisman; ORF-Intendant Gerd Bacher wird auf MHs Showtalent aufmerksam.

1971   MH überrascht am Volkstheater in seiner ersten Komödienrolle: als Doktor Jura in Hermann Bahrs *Das Konzert*. Rolf Kutschera engagiert ihn daraufhin als Bluntschli für die Welturaufführung von Udo Jürgens' Musical *Helden, Helden* im Theater an der Wien (1972).

Für seine schauspielerischen Leistungen am Volkstheater erhält MH den Karl-Skraup-Preis.

1973	MH bezieht sein Haus in Salmannsdorf; dort lebt in der Folge auch Helene Thimig bis zu ihrem Tod im November 1974.

1973   MH bezieht sein Haus in Salmannsdorf; dort lebt in der Folge auch Helene Thimig bis zu ihrem Tod im November 1974.

MH steigt wegen künstlerischer Zweifel aus der Produktion des Musicals *Das Appartment* im Theater an der Wien aus und wird von Direktor Kutschera für drei Monate gesperrt.

Giorgio Strehler inszeniert bei den Salzburger Festspielen seine Shakespeare-Collage *Das Spiel der Mächtigen* mit MH in der Hauptrolle; seine Partnerin ist Andrea Jonasson.

Bekanntschaft mit Elisabeth Schwarzkopf und Walter Legge; bis zu ihrem Tod 2006 steht MH in regelmäßigem Gesprächskontakt mit der Sängerin.

MH arbeitet am Akademietheater mit Jean-Pierre Ponnelle: *Man spielt nicht mit der Liebe* von Alfred de Musset.

Für seine Darstellung des Bluntschli wird MH mit der Kainz-Medaille ausgezeichnet.

MH dreht seinen letzten Film: Schnitzlers *Reigen*; Regie: Otto Schenk.

1974   MH spielt *Anatol* am Akademietheater; Regie: Gerhard Klingenberg.

Am Burgtheater inszeniert Giorgio Strehler Goldonis *Trilogie der Sommerfrische*; MH spielt nicht den Liebhaber, sondern den Schmarotzer.

MH dreht erstmals einen TV-Krimi für die ZDF-Serie *Der Kommissar*.

1975   MH spielt am Burgtheater Shakespeares *Richard II.* (Regie: Gerhard Klingenberg) und seine erste Nestroy-Rolle: *Der Zerrissene*; Regie: Otto Tausig.

Strehlers *Spiel der Mächtigen* wird ans Burgtheater übernommen.

Erste Show im Stadttheater Baden, zugunsten der Aktion Künstler helfen Künstlern: *Auf d' Nacht, Herr Direktor*, nach dem Buch von Loek Huisman; MHs Partner sind Gottfried Schwarz (Regie), Bill Milié (Choreographie), Paolo Bregni (Bühne) und David Hersey (Licht) sowie Robert Opratko mit der ORF-Big-Band. Opratko und sein »Sound« bestimmen lange Zeit das Klangbild von MHs Shows.

Liz Taylor und Harold Prince, die zu Dreharbeiten in Wien sind, sehen die Show im Fernsehen. Prince will MH als Musicalstar am Broadway in *Phantom der Oper* herausbringen. MH lehnt ab, als man ihm erklärt, niemand werde ihn erkennen, wenn er aus der Maske kommt: »Ich arbeite seit zwanzig Jahren daran, dass man mich kennt, wenn ich auf die Bühne komme.«

1976	Beginn der ZDF-Show *Liedercircus*; 29 Folgen bis 1988.
	MH wird von der Stadt Wien mit dem Goldenen Rathausmann geehrt.
1977	MH spielt den Zuhälter Lenny in Pinters *Heimkehr* am Akademietheater; erste Zusammenarbeit mit Peter Palitzsch.
	Harold Prince will MH für die Uraufführung des Musicals *On the Twentieth Century* an den Broadway holen, Boy Gobert entlässt ihn jedoch nicht aus seinem Vertrag am Thalia Theater; statt eines Film-Tycoons spielt er den Weinberl in *Einen Jux will er sich machen*.
	Jacques Brel überträgt MH die Exklusivrechte für die Chansons auf seiner letzten LP. Sie werden zum zentralen Element von MH's One Man Shows; in den kongenialen Nachdichtungen von Loek Huisman und Werner Schneyder prägen sie sein Profil als Entertainer.
1978	Elisabeth Bergner sieht MH als Kari Bühl in Hofmannsthals *Der Schwierige* am Burgtheater; Beginn einer intensiven Freundschaft.
1979	MH spielt in der Regie von Rudolf Noelte in Molières *Tartuffe* (mit Klaus Maria Brandauer).
	MH wird für die Direktion des Theaters an der Wien in der Nachfolge von Rolf Kutschera vorgeschlagen.
1981	MH verkörpert die Titelrolle von Peter Shaffers *Amadeus* am Burgtheater; Regie: Peter Wood.
1982	Am Münchner Residenztheater unternimmt MH einen Grenzgang: er spielt Jago in Peter Palitzsch' Inszenierung von *Othello* (mit Hans Michael Rehberg und Barbara Sukowa) und erntet zwiespältige Reaktionen.
	Aus Palitzsch' Inszenierung von *Egmont*, einer Koproduktion von Burgtheater und Bregenzer Festspielen, steigt MH wegen künstlerischer Differenzen aus und verzichtet auf eine Gage von einer halben Million Schilling.
1983	MH spielt *Wallenstein* in der Burgtheater-Produktion von Werner Mittenzwei und Manfred Wekwerth.
1985	MH moderiert erstmals die Eröffnung der Wiener Festwochen auf dem Rathausplatz.
	MH spielt Stephan von Sala in Schnitzlers *Der einsame Weg*; Regie: Otto Schenk.
	MH wirkt erstmals in der TV-Krimiserie *Derrick* mit.

1986	MH lernt in einem Crash-Kurs Französisch und spielt Mackie Messer in Brechts *Dreigroschenoper* in der Regie von Giorgio Strehler am Théâtre du Châtelet in Paris; seine Partnerinnen sind Barbara Sukowa als Polly Peachum und Milva als Spelunken-Jenny.
	Nach dem überraschenden Tod des designierten Intendanten Boy Gobert wird MH eingeladen, die Leitung des Theaters in der Josefstadt zu übernehmen, lehnt dies jedoch ab.
	Ernennung zum Kammerschauspieler.
	Überreichung der Ehrenmedaille der Bundeshauptstadt Wien in Gold.
1988	Als erste Rolle in der Direktion von Claus Peymann am Burgtheater spielt MH den Wissenschaftler Protasov in Gorkis *Kinder der Sonne*; Regie: Achim Benning.
1989	MH spielt am Akademietheater Pirandellos *Heinrich IV.*; Regie: Cesare Lievi.
	MH wird in die Ensemblevertretung des Burgtheaters gewählt.
1991	MH ist als Direktor des Burgtheaters in der Nachfolge von Claus Peymann im Gespräch.
1992	MH spielt die Titelrolle in Čechovs *Onkel Vanja* am Akademietheater; Regie: Achim Benning.
	Robert Stolz-Revue *Servus Du* von und mit Marcel Prawy an der Volksoper [Direktion Ioan Holender].
1993	MH spielt wieder Muscial: Professor Higgins in *My Fair Lady* an der Volksoper.
	November: Ernennung zum (jüngsten) Doyen des Burgtheaters; ein Ehrentitel, der die lebenslange Verbundenheit des Schauspielers mit dem und die repräsentative Funktion für das Theater zum Ausdruck bringt.
1994	Letzte Zusammenarbeit mit Giorgio Strehler: MH spielt Cotrone in Pirandellos *Die Riesen vom Berge*.
	MH wird Präsident der Mozartgemeinde Wien, deren Ehrenmitglied er seit 1991 ist (bis 1998).
1995	Mit der Show *Noch einmal, Herr Direktor!* tritt MH auch an der Wiener Staatsoper auf.
1996	Gespräche mit George Tabori über *Timon von Athen*; die Produktion kommt mangels einer geeigneten Stückfassung nicht zustande.

1999	MH spielt an der Volksoper [Direktion Klaus Bachler] Honoré Lachailles in Lerner/Loewes Musical *Gigi*.
	Letzte Neuproduktion am Burgtheater/Akademietheater [Beginn Direktion Klaus Bachler]: Edward Albees *Das Spiel ums Baby* (mit Kitty Speiser); Regie: Holger Berg.
	Erste Silvestergala im Großen Konzerthaussaal: *Über's Jahr, Herr Direktor*; bis 2003 gestaltet MH vier weitere Silvesterprogramme im Konzerthaus.
2001	MH wird mit dem Österreichischen Ehrenkreuz für Wissenschaft und Kunst 1. Klasse ausgezeichnet.
	Für die Wiener Festwochen rekonstruiert MH Giorgio Strehlers Inszenierung von *Le nozze di Figaro* im Theater an der Wien; Dirigent: Riccardo Muti.
2003	Operettengala *Operette sich wer kann* an der Volksoper [Direktion Rudolf Berger].
	Ehrenmitgliedschaft des Burgtheaters.
2004	Jänner: letzter Auftritt als Schauspieler im Burgtheater in *Love Letters*.
	Ehrenmitgliedschaft der Wiener Volksoper.
	Operettengala *Bruder Leichtsinn* an der Volksoper.
2005	Auszeichnung mit dem Goldenen Ehrenzeichen der Stadt Wien.
	MH erhält den Nestroy-Theaterpreis für sein Lebenswerk.
2006	Deutschland ehrt MH mit dem Bundesverdienstkreuz.
	Show *Best of Brel* im Großen Konzerthaussaal in Wien und im Prinzregententheater München.
	Hommage zum 95. Geburtstag von Marcel Prawy an der Volksoper.
	Silvestergala im Theater an der Wien.
2007	November: Premiere der neuen Bühnenshow *Statt zu spielen* am Burgtheater; Partner von MH sind die Wiener Theatermusiker unter Tscho Theissing, die mit ihren subtilen kammermusikalischen Arrangements seit 1998 für ein pointiertes akustisches Umfeld seiner Auftritte sorgen.
2008	Verleihung des Goldenen Mozartrings der Mozartgemeinde Wien.

Dank ergeht an

Michael Heltau, Michael Heltau, Michael Heltau
für die Großzügigkeit, mit der er mich in seinem Leben aufgenommen und als ganzen Menschen angenommen – und gefordert – hat

Loek Huisman
für sein Verständnis, seinen transzendierenden Humor und seine konstruktive Kritik

sowie an Gabriela Brandenstein, Peter Michael Braunwarth, Inge Hanke, Gabriela Hütter, Martina Schmidt und Ilse Walter für die vielfältige Unterstützung beim Zustandekommen dieses Buchs.

Für Rat und persönliche Begleitung danke ich weiters Peter Haring, Hilde Heindl, Gabriele Kuchner, Claudia Pichl, Dietmar Polaczek und Nikolaus Zeininger.   MM

Verzeichnisse

THEATERROLLEN

Autor TITEL Regie *Rolle* Theater

1952 Gerhart Hauptmann HANNELES
HIMMELFAHRT Helene Thimig/
Josef Krastel *Seidl/Waldarbeiter*
Reinhardt-Seminar, Schlosstheater
Schönbrunn, Wien

1953 Noel Coward GASTFREUNDSCHAFT
Helene Thimig *Kapitänleutnant
Corbett* Reinhardt-Seminar, Palais
Cumberland, Wien

Thornton Wilder UNSERE KLEINE
STADT *George Gibbs/Joe Crowell*
Reinhardt-Seminar, Schlosstheater
Schönbrunn

J. W. Goethe URFAUST Fred Liewehr
Faust Reinhardt-Seminar, Schlosstheater Schönbrunn

Nico Dostal CLIVIA *Will Roeder*
Stadttheater, Würzburg

William Shakespeare MACBETH
Klaus Schrader *Malcolm* Stadttheater, Würzburg

Arthur Miller TOD EINES HAND-
LUNGSREISENDEN Klaus Schrader
Biff Stadttheater, Würzburg

1954 William Shakespeare EIN SOMMER-
NACHTSTRAUM Gustav Rudolf Sellner
Lysander Residenztheater, München

Johann Nepomuk Nestroy DER
KONFUSE ZAUBERER Bruno Hübner
Amoroso Residenztheater, München

1956 Mateo Lettunich DIEBELEI Peter
Preses *André Maxime* Theater in der
Josefstadt, Wien

Melchior Lengyel DAS STILLE HAUS
Werner Kraut *Henry von Alden*
Theater in der Josefstadt, Wien

1957 Arthur Miller BLICK VON DER
BRÜCKE Franz Reichert *Rodolfo*
Theater in der Josefstadt, Wien

1958 Paul Willems ES REGNET IN MEIN
HAUS Hermann Kutscher *Der Gast*
Kleines Theater im Konzerthaus, Wien

William Shakespeare DER STURM
Gustav Rudolf Sellner *Ferdinand*
Ruhrfestspiele, Recklinghausen

Luigi Pirandello HEINRICH IV. Karl
Guttmann *Marchese Carlo di Nolli*
Theater in der Josefstadt, Wien

J. B. Priestley MUSIK BEI NACHT
Hermann Kutscher *Rupert Amesbury*
Theater in der Josefstadt, Wien

Samuel Taylor GLÜCKLICHE ZEITEN
Franz Reichert *Onkel Desmonde*
Theater in der Josefstadt, Wien

1959 Jean Giraudoux DER TROJANISCHE
KRIEG FINDET NICHT STATT Gustav
Rudolf Sellner *Troilus* Ruhrfest-
spiele, Recklinghausen

Friedrich Schiller DIE BRAUT VON
MESSINA Wilhelm Speidel *Don
Manuel* Festspiele Wiltz, Luxemburg

P. A. Caron de Beaumarchais DER
TOLLE TAG Joseph Milló *Cherubin*
Theater in der Josefstadt, Wien

1960 Hans Weigel DAS WISSEN DIE GÖTTER
Friedrich Kallina *Sohn* Kleines Theater im Konzerthaus, Wien

François Mauriac DIE EGOISTEN
Edwin Zbonek *Alain* Kleines Theater im Konzerthaus, Wien

Franz Molnár LILIOM Hans Jaray
Detektiv/Engel Theater in der Josefstadt, Wien

Gerhart Hauptmann DIE RATTEN
Willi Schmidt *Erich Spitta* Ruhrfestspiele, Recklinghausen

William Shakespeare MACBETH
Heinrich Koch *Donalbain* Ruhrfestspiele, Recklinghausen

Jean Anouilh DAS RENDEZVOUS VON SENLIS Franz Reichert *Georges*
Theater in der Josefstadt, Wien

Eugene O'Neill OH, WILDNIS! Otto Schenk *Arthur* Theater in der Josefstadt, Wien

Arthur Schnitzler KOMÖDIE DER WORTE (GROSSE SZENE) Heinrich Schnitzler *Edgar Gley* Theater in der Josefstadt, Wien

Saul Levitt DER ANDERSONVILLE PROZESS Franz Reichert *Major Hosmer* Theater in der Josefstadt, Wien

1961 Carlo Goldoni DER LÜGNER Arno Assmann *Florindo* Theater in der Josefstadt, Wien

Arthur Schnitzler PROFESSOR BERNHARDI Heinrich Schnitzler *Dr. Oskar Bernhardi* Theater in der Josefstadt, Wien

Jean Giraudoux UNDINE Dietrich Haugk *Ritter Bertram* Theater in der Josefstadt, Wien

Friedrich Schiller WALLENSTEIN
Heinrich Koch *schwedischer Offizier*
Ruhrfestspiele, Recklinghausen

Arthur Miller TOD EINES HANDLUNGSREISENDEN Erwin Piscator
Happy Freie Volksbühne / Theater am Kurfürstendamm, Berlin

T. S. Eliot EIN VERDIENTER STAATSMANN Wolfgang Spier *Michael Clavestin und Ferry* Freie Volksbühne / Theater am Kurfürstendamm, Berlin

1962 Nikolai Gogol DIE TOTEN SEELEN
Dietrich Haugk *Manilow* Theater in der Josefstadt, Wien

Joachim Wichmann DER FEIGLING UND DIE TÄNZERIN Erik Frey *Karl, der Feigling* Kleines Theater im Konzerthaus, Wien

Arthur Schnitzler DER EINSAME WEG Heinrich Schnitzler *Felix*
Theater in der Josefstadt, Wien

Hugo von Hofmannsthal DAS SALZBURGER GROSSE WELTTHEATER
Helene Thimig *König* Melker Festspiele, Melk

William Shakespeare DER WIDERSPENSTIGEN ZÄHMUNG Peter Weihs
Hortensio Melker Festspiele, Melk

Arthur Schnitzler DIE LETZTEN MASKEN Heinrich Schnitzler
Dr. Halmschlöger Theater in der Josefstadt, Wien

Johann Nepomuk Nestroy DIE VERHÄNGNISVOLLE FASCHINGSNACHT
Heinrich Schnitzler *Philipp* Theater in der Josefstadt, Wien

Paul Abraham BALL IM SAVOY Fred Raul *Célestin Formant* Raimundtheater, Wien

William Shakespeare Wie es euch gefällt Dietrich Haugk *Orlando* Theater in der Josefstadt, Wien; TV-Aufzeichnung

Ödön von Horváth Glaube, Liebe, Hoffnung Edwin Zbonek *Polizist* Kleines Theater im Konzerthaus, Wien

1963 Terence Rattigan 1000 Worte Französisch Erik Frey *Honorable Alan Howard* Theater in der Josefstadt, Wien; TV-Aufzeichnung

William Shakespeare Troilus und Cressida Gustav Manker *Troilus* Volkstheater, Wien

William Shakespeare Cymbelin Dietrich Haugk *Leonatus Posthumus* Theater in der Josefstadt, Wien

1964 Gotthold Ephraim Lessing Minna von Barnhelm Dietrich Haugk *Major von Tellheim* Theater in der Josefstadt, Wien

Jean Anouilh Ardèle oder Das Gänseblümchen Roland Pietri *Nicolas* Theater in der Josefstadt, Wien

Arthur Schnitzler Die Gefährtin Heinrich Schnitzler *Dr. Alfred Hausmann* Theater in der Josefstadt, Wien

Hugo von Hofmannsthal Jedermann Helene Thimig *Guter Gesell* Domplatz, Salzburger Festspiele

Molière Die Gräfin von Escarbagnac William Dieterle *Vicomte* Schlossparktheater, Berlin

Molière Georges Dandin William Dieterle *Clitandre* Schlossparktheater, Berlin

Joseph von Eichendorff Die Freier Boleslaw Barlog *Jäger Victor* Schillertheater, Berlin

Arthur Schnitzler Lebendige Stunden Heinrich Schnitzler *Heinrich* Theater in der Josefstadt, Wien; TV-Aufzeichnung

1965 Carl Orff Die Bernauerin Vaclav Kaslik *Herzog Albrecht* Württembergisches Staatstheater, Stuttgart

W. A. Mozart Die Entführung aus dem Serail Giorgio Strehler *Bassa Selim* Kleines Festspielhaus, Salzburger Festspiele

Hugo von Hofmannsthal Jedermann Helene Thimig *Guter Gesell* Domplatz, Salzburger Festspiele

Molière Der Menschenfeind Dietrich Haugk *Alceste* Theater in der Josefstadt, Wien

1966 Friedrich Schiller Don Carlos Gustav Manker *Carlos* Theater in der Josefstadt, Wien

Jean Giraudoux Undine Oscar Fritz Schuh *Ritter Hans* Deutsches Schauspielhaus, Hamburg

W. A. Mozart Die Entführung aus dem Serail Giorgio Strehler *Bassa Selim* Kleines Festspielhaus, Salzburger Festspiele

Hugo von Hofmannsthal Jedermann Helene Thimig *Guter Gesell* Domplatz, Salzburger Festspiele

William Shakespeare Troilus und Cressida Oscar Fritz Schuh *Troilus* Deutsches Schauspielhaus, Hamburg

1967 Georg Büchner Dantons Tod Otto Schenk *Camille Desmoulins* Burgtheater, Wien

J. W. Goethe/Loek Huisman Der junge Goethe Loek Huisman *Goethe* Akademietheater,

Wien; Welttournee des Burgtheaters
(USA, Canada, Israel)

W. A. Mozart Die Entführung aus
dem Serail Giorgio Strehler *Bassa
Selim* Kleines Festspielhaus, Salzburger Festspiele

Hugo von Hofmannsthal Jedermann
Helene Thimig *Guter Gesell* Domplatz, Salzburger Festspiele

William Shakespeare Der Kaufmann von Venedig Adolf Rott
Bassanio Burgtheater, Wien

1968 J. W. Goethe/Loek Huisman Johann
Wolfgang Loek Huisman *Goethe*
Sommerspiele, Graz

Adalbert Stifter Der Hagestolz
Victor Sommerspiele, Graz

William Shakespeare Der Sturm
Oscar Fritz Schuh *Ferdinand*
Landestheater, Salzburger Festspiele

Hugo von Hofmannsthal Jedermann
Helene Thimig *Guter Gesell* Domplatz, Salzburger Festspiele

Arthur Schnitzler Liebelei Heinrich
Schnitzler *Fritz Lobheimer* Theater
in der Josefstadt, Wien; TV-Aufzeichnung

1969 W. A. Mozart Die Entführung aus
dem Serail Giorgio Strehler *Bassa
Selim* Teatro della Pergola, Maggio
Musicale Fiorentino, Florenz

Tennessee Williams Die Glasmenagerie Leopold Lindtberg *Tom*
Burgtheater bei den Bregenzer Festspielen

J. W. Goethe/Loek Huisman Johann
Wolfgang Loek Huisman *Goethe*
Comödienhaus, Wilhelmsbad; TV-
Aufzeichnung

1970 William Shakespeare Hamlet 1603
Gustav Manker *Hamlet* Volkstheater,
Wien

Peter Nichols Ein Tag im Sterben
von Joe Egg Loek Huisman *Bri, der
Vater* Volkstheater, Wien

W. A. Mozart Die Entführung aus
dem Serail Giorgio Strehler *Bassa
Selim* Kleines Festspielhaus, Salzburger Festspiele

Tennessee Williams Die Glasmenagerie Leopold Lindtberg *Tom*
Tournee Deutschland, Schweiz

1971 William Shakespeare Romeo und
Julia Gustav Manker *Romeo* Volkstheater, Wien

Hermann Bahr Das Konzert
Gustav Manker *Dr. Franz Jura*
Volkstheater, Wien; TV-Aufzeichnung

W. A. Mozart Die Entführung aus
dem Serail Giorgio Strehler *Bassa
Selim* Kleines Festspielhaus, Salzburger Festspiele

Hugo von Hofmannsthal Der Unbe-
stechliche Gustav Manker *Jaromir*
Kleines Festspielhaus, Salzburger Festspiele

1972 Rolf Hochhuth Der Stellvertreter
Robert MacDonald/Rolf Hochhuth
Pater Riccardo Fontana Tournee
Deutschland, Schweiz

W. A. Mozart Die Entführung aus
dem Serail Giorgio Strehler *Bassa
Selim* Teatro alla Scala, Mailand

Arthur Schnitzler Liebelei Gerhard
Klingenberg *Theodor Kaiser* Akademietheater, Wien

G. B. Shaw/Udo Jürgens Helden,
Helden Rolf Kutschera *Hauptmann
Bluntschli* Theater an der Wien

1973 Alfred de Musset Man spielt nicht mit der Liebe Jean-Pierre Ponnelle *Perdikan* Akademietheater, Wien; TV-Aufzeichnung

Arthur Schnitzler Liebelei Gerhard Klingenberg *Theodor Kaiser* Tournee London, Antwerpen, Brüssel, Luxemburg, Wiesbaden, Graz, Villach, Klagenfurt, Linz, St. Pölten

Hugo von Hofmannsthal Jedermann Helene Thimig *Spielansager* Domplatz, Salzburger Festspiele

W. A. Mozart Die Entführung aus dem Serail Giorgio Strehler *Bassa Selim* Kleines Festspielhaus, Salzburger Festspiele

William Shakespeare/Giorgio Strehler Das Spiel der Mächtigen Giorgio Strehler *Heinrich VI.* Felsenreitschule, Salzburger Festspiele

G. B. Shaw/Udo Jürgens Helden, Helden Rolf Kutschera *Hauptmann Bluntschli* Theater an der Wien

1974 Arthur Schnitzler Anatol Gerhard Klingenberg *Anatol* Akademietheater, Wien

W. A. Mozart Die Entführung aus dem Serail Giorgio Strehler *Bassa Selim* Kleines Festspielhaus, Salzburger Festspiele

William Shakespeare/Giorgio Strehler Das Spiel der Mächtigen Giorgio Strehler *Heinrich VI.* Felsenreitschule, Salzburger Festspiele

Carlo Goldoni Die Trilogie der Sommerfrische Giorgio Strehler *Ferdinando* Burgtheater, Wien; TV-Aufzeichnung

1975 Johann Nepomuk Nestroy Der Zerrissene Otto Tausig *Herr von Lips* Burgtheater, Wien

William Shakespeare Richard II. Gerhard Klingenberg *Richard II.* Burgtheater, Wien

1976 Tom Stoppard Travesties Peter Wood *Tristan Tzara* Akademietheater, Wien

1977 Harold Pinter Heimkehr Peter Palitzsch *Lenny* Akademietheater, Wien; Gastspiel Residenztheater, München

Johann Nepomuk Nestroy Einen Jux will er sich machen Gerd Heinz *Weinberl* Thalia Theater, Hamburg

1978 W. A. Mozart Die Entführung aus dem Serail Giorgio Strehler *Bassa Selim* Teatro alla Scala, Mailand

Hugo von Hofmannsthal Der Schwierige Rudolf Steinboeck *Graf Kari Bühl* Burgtheater, Wien; Gastspiel Deutsches Theater, Berlin

William Shakespeare/Giorgio Strehler Das Spiel der Mächtigen Giorgio Strehler *Heinrich VI.* Burgtheater, Wien

1979 Franz Molnár Der Leibgardist Loek Huisman *Der Schauspieler* Akademietheater, Wien; Kornmarkttheater, Bregenz; Stadttheater, Wiener Neustadt

Molière Tartuffe Rudolf Noelte *Cléante* Burgtheater, Wien

1980 Wenn ich in Deine Augen seh (Schauspieler singen Liebeslieder) Akademietheater, Wien; Gastspiel Deutsches Theater, Berlin

1981 Peter Shaffer AMADEUS Peter Wood
Mozart Burgtheater, Wien; Gastspiel
Großes Festspielhaus, Salzburg

Franz Molnár DER LEIBGARDIST
Loek Huisman *Der Schauspieler*
Gastspiel des Burgtheaters in Bozen

Arthur Schnitzler REIGEN (Lese-Auf-
führung) Otto Schenk *Graf* Theater
in der Josefstadt, Wien

1982 William Shakespeare OTHELLO
Peter Palitzsch *Jago* Residenztheater,
München

W. A. Mozart DIE ENTFÜHRUNG AUS
DEM SERAIL Giorgio Strehler *Bassa
Selim* Teatro La Fenice, Venedig

1983 Friedrich Schiller WALLENSTEIN
Manfred Wekwerth *Wallenstein*
Burgtheater, Wien; TV-Aufzeichnung

Hermann Broch AUS DER LUFT
GEGRIFFEN ODER DIE GESCHÄFTE DES
BARON LABORDE Fred Berndt *Baron
Laborde* Akademietheater, Wien

1984 W. A. Mozart DIE ENTFÜHRUNG AUS
DEM SERAIL Giorgio Strehler *Bassa
Selim* Opéra Palais Garnier, Paris

Ralph Benatzky ES MUSS WAS WUN-
DERBARES SEIN Raimundtheater,
Wien; TV-Aufzeichnung; Kurtheater,
Bad Ischl

Franz Molnár DER LEIBGARDIST
Loek Huisman *Der Schauspieler*
Tournee Österreich, Deutschland,
Schweiz

1985 Arthur Schnitzler DER EINSAME WEG
Otto Schenk *Stephan von Sala* Burgtheater, Wien

1986 W. A. Mozart DIE ENTFÜHRUNG AUS
DEM SERAIL Giorgio Strehler *Bassa
Selim* Bologna, Ferrara, Reggio Emi-
lia, Brescia, Bergamo, Cremona, Neapel

Bertolt Brecht/Kurt Weill L'OPÉRA DE
QUAT' SOUS (DREIGROSCHENOPER)
Giorgio Strehler *Mackie Messer*
Théâtre du Châtelet, Paris

1988 Maxim Gorki KINDER DER SONNE
Achim Benning *Pavel Protasov* Akademietheater, Wien; TV-Aufzeichnung

1989 Luigi Pirandello HEINRICH IV.
Cesare Lievi *Heinrich IV.* Akademietheater, Wien

1990 Ferdinand Raimund DER ALPEN-
KÖNIG UND DER MENSCHENFEIND
Hans Hollmann *Rappelkopf* Burg-
theater, Wien

1991/92 A. R. Gurney LOVE LETTERS Kurt
Meisel *Andy Ladd III.* Kammer-
spiele, Hamburg; Tournee Deutschland; Akademietheater, Burgtheater,
Wien

1992 Robert Stolz SERVUS DU – REVUE
Marcel Prawy, Volksoper, Wien

Anton Čechov ONKEL VANJA Achim
Benning *Ivan Petrovich* Akademietheater, Wien

1993 A. J. Lerner/Frederick Loewe MY FAIR
LADY Robert Herzl *Prof. Henry Higgins* Volksoper, Wien

1994 Luigi Pirandello DIE RIESEN VOM
BERGE Giorgio Strehler *Cotrone*
Burgtheater, Wien

1997 A. J. Lerner/Frederick Loewe
MY FAIR LADY Horst Ludwig
Prof. Henry Higgins Metropoltheater,
Berlin

1999 A. J. Lerner/Frederick Loewe GIGI
Gillian Lynne *Honoré Lachailles*
Volksoper, Wien

Edward Albee DAS SPIEL UMS BABY
Holger Berg *Der Mann* Akademietheater, Wien

BÜHNENSHOWS

Titel   Veranstaltungsort

1975 Auf d'Nacht, Herr Direktor …
LH Stadttheater Baden bei Wien;
TV-Aufzeichnung

1976 Heltau × 2 *LH* Großer Konzerthaussaal, Wien; Tournee BRD und
DDR; TV-Aufzeichnung Fernsehen
der DDR

1978 Meine Leute *LH* Theater an der
Wien; Tournee in Österreich und der
BRD; TV-Aufzeichnung

1980 Aber jetzt, Herr Direktor! *LH*
Raimundtheater, Wien; TV-Aufzeichnung

Robert Stolz und sein Jahrhundert Theater an der Wien; Theater
des Westens, Berlin

1984 Classical *LH* ORF-Theater
Küniglberg; TV-Aufzeichnung; Volkstheater, Wien; Tournee

1985 Hernals, Hernals *LH* Metropol,
Wien; TV-Aufzeichnung

1988 Meine Zeit *LH* Volkstheater, Wien;
TV-Aufzeichnung; Burgtheater, Wien;
Tournee Österreich

1991 Marcel Prawy zum 80. Geburtstag
Brucknerhaus, Linz

Silvestergala Schauspielhaus,
Zürich

1992 Robert Stolz-Konzert Alte Oper,
Frankfurt am Main

Welch Land ist dies, ihr Freunde?
LH Kurtheater, Reichenau an
der Rax; TV-Aufzeichnung

Robert-Stolz-Gala Volksoper,
Wien

Michael Heltau in Concert
Kongresshaus, Villach

1993 Amerika – gesagt, gesungen
LH Theater AKzent, Wien

Michael Heltau in Concert
München, Ingolstadt

1995 Noch einmal, Herr Direktor!
LH Ronacher, Wien; München;
Staatsoper, Wien; Wiener Neustadt

1996 Noch einmal, Herr Direktor!
LH Linz; Villach

1997 Noch einmal, Herr Direktor!
LH Deutsche Oper, Berlin; St. Pölten

1998 Im Rampenlicht *LH* Volksoper,
Wien; TV-Aufzeichnung

1999 Über's Jahr, Herr Direktor!
LH Großer Konzerthaussaal, Wien

2000 Über's Jahr, Herr Direktor!
LH Ronacher, Wien

Silvestergala No. 2 *LH* Großer
Konzerthaussaal, Wien

2001 Wir spielen immer, wer es weiss,
ist klug (Literatur und Lieder)
Schauspielhaus am Gendarmen-
markt, Berlin

Silvestergala No. 3
LH Großer Konzerthaussaal, Wien

2002 Silvestergala No. 4
LH Großer Konzerthaussaal, Wien

2003 Operette sich wer kann
LH Volksoper, Wien

2003 Silvestergala No. 5
LH Großer Konzerthaussaal, Wien

2004 Bruder Leichtsinn
LH Volksoper, Wien

Operette sich wer kann *LH* Theater an der Wien; TV-Aufzeichnung

2005 EIN ROTER LUFTBALLON AM WEIH-
NACHTSHIMMEL *LH* Brucknerhaus,
Linz

2006 BEST OF BREL Großer Konzerthaussaal, Wien; Prinzregententheater,
München

ÜBER'S JAHR – SILVESTERGALA *LH*
Theater an der Wien

2007 HELTAU IN CONCERT *LH* Großer
Konzerthaussaal, Wien

2007/08 STATT ZU SPIELEN *LH* Burgtheater,
Wien

LH = Buch und Gestaltung: Loek Huisman

REZITATIONEN UND
KONZERTAUFTRITTE

Autor TITEL Veranstaltungsort

1958 Kurt Klinger EIN KLEINES WELT-
KABARETT Kleines Theater im
Konzerthaus, Wien

1964 J. W. Goethe DIE LEIDEN DES
JUNGEN WERTHER Mozart-Saal im
Konzerthaus, Wien; Stefaniensaal,
Graz

Arnold Schönberg GURRE-LIEDER
Sender Freies Berlin; Großer Musikvereinssaal, Wien

1967 Molière DER MENSCHENFEIND
Palais Palffy, Wien

Hugo von Hofmannsthal BRIEF-
WECHSEL MIT LEOPOLD VON ANDRIAN
Presseclub Concordia, Wien

Österreichische Literatur SPÄTER
GLANZ Gastspiel des Burgtheaters in
Bozen und Meran

1968 Adalbert Stifter DIE SONNENFINSTER-
NIS VOM 8. 7. 1842 IN WIEN (u. a.)
Auditorium Maximum der Universität
Wien

Max Reinhardt – Bertolt Brecht
REFORM UND REVOLUTION
Akademietheater, Wien

Friedrich Torberg DER SCHÜLER
GERBER ORF

Loek Huisman STATT ZU SINGEN
Mozart-Saal im Konzerthaus, Wien;
Graz; Ossiach, Kärnten; Théâtre de
l'Odéon, Paris; Lindenoper, Berlin

ÖSTERREICHISCHE DICHTER UND 1918
(Republikfeier) Rathaus, Wien

1969 Igor Strawinsky ÖDIPUS REX
Salzburger Festspiele

KINDER GOTTES (Lyrik und Weih-
nachtslieder, mit Irmgard Seefried)
Mozarteum, Salzburg; ORF, Wien

1970 Loek Huisman KINDER UND NARREN
Mozart-Saal im Konzerthaus, Wien;
Graz; Bremen, Hamburg

Arthur Honegger JOHANNA AUF DEM
SCHEITERHAUFEN Großer Konzerthaussaal, Wien

Gottfried Benn DIE STIMME HINTER
DEM VORHANG Wilhelmsbad

1970 ff. W. A. Mozart BRIEFE Matineen der
Salzburger Festspiele

1971 Josef Kainz BRIEFE AN DIE ELTERN
Theater in der Josefstadt, Wien

1972 Nikolaus Lenau GEDICHTE
Mozart-Saal im Konzerthaus, Wien

DICHTER DER ROMANTIK Auditorium
Maximum der Universität Wien

1973–76 Neujahrskonzert der Wiener
Philharmoniker Großer Musikvereinssaal, Wien, und Eurovision

1974 Helene Thimig Wie Max Reinhardt
lebte Palais Palffy, Wien

Karl Kraus Texte Salzburger Festspiele

1975 Rainer Maria Rilke Texte ORF

1976 Rainer Maria Rilke Das Stundenbuch Mozart-Saal im Konzerthaus,
Wien; Ossiach, Kärnten

J. W. Goethe Des Pudels Kern
Mozarteum, Salzburg

1978 Elias Canetti Canetti in Wien
Akademietheater, Wien

Franz Schubert Aus seinen Tage-
büchern Theater an der Wien,
Schloss Schönbrunn

1979 Astrid Lindgren Aus »Pippi Lang-
strumpf« Künstlerhaus, Wien

Richard Wagner Parsifal (Lesung)
Amfortas Wiener Staatsoper

Heinrich Heine Gedichte
Mozart-Saal im Konzerthaus, Wien

Arthur Schnitzler u. a. Heimat bist
du grosser Söhne Theater in der
Josefstadt, Wien

Österreichische Literatur und
Wiener Lieder Deutsches Theater,
Berlin

Vor vierzig Jahren begann der
Zweite Weltkrieg Akademietheater
und Burgtheater, Wien

1980 Aus dem kleinen österreichischen
Wörterbuch Virgil-Kapelle, Wien

1981 Arthur Schnitzler Erzählungen
Auditorium Maximum der Universität
Wien

Arthur Schnitzler Reigen Theater in
der Josefstadt, Wien

W. A. Mozart Briefe Schloss Grafe-
negg, Niederösterreich

Franz Grillparzer u. a. Vielgeliebtes
Österreich Tabakmuseum, Wien

1982 J. W. Goethe Lyrik und Kammermusik Mozarteum, Salzburg

Arthur Schnitzler Die kleine Komödie Secession, Wien

Arthur Schnitzler Erzählungen
Berliner Ensemble

Die komische Figur im Wandel der
Zeit Theaterzelt im Wiener Prater

Heinrich Heine Gedichte Techni-
sche Universität, Wien

1983 Fritz von Herzmanovsky-Orlando
Texte Altes Rathaus, Wien

1985 Arthur Schnitzler/Alfred Polgar/Peter
Altenberg Texte Klosterneuburg

George Saiko Der Mann im Schilf
WIFI, Salzburg

1986 J. W. Goethe Werther – in Wahrheit und Dichtung Schwetzinger
Festspiele

Søren Kierkegaard u. a.
Reflexionen über Don Juan
Europäische Wochen, Passau

1987 Loek Huisman Gefesselte Fantasie
Deutsches Theater, Berlin; Akademietheater, Wien; Landestheater, Salzburg

J. W. Goethe Gedichte und
Balladen Piccolo Teatro, Mailand

1988 Orfeus-Preisverleihung Austria-
Center, Wien

Arthur Schnitzler u. a. österreichische Literatur OSKAR WERNER ZUM GEDENKEN Schloss Esterhazy, Eisenstadt

J. W. Goethe GEDICHTE UND BALLADEN Piccolo Teatro, Mailand

1989 Stefan Zweig RAUSCH DER VERWANDLUNG Schloss Labers, Meran

Egon Friedell TEXTE Nationalbibliothek, Wien

Georg Trakl GEDICHTE Residenz, Salzburg

Ferdinand Raimund u. a. ÖSTERREICHISCHE LITERATUR UND WIENERLIEDER »Am Schiff«, Hamburg

1990 J. W. Goethe/Ludwig van Beethoven EGMONT Hessisches Staatstheater, Wiesbaden

Franz Werfel DIE VIERZIG TAGE DES MUSA DAGH Kurtheater Reichenau an der Rax

Verschiedene Autoren (österreichische Literatur, Wienerlieder, Chansons) NIX IS SO LUSTIG, DASS MAN NICHT DARÜBER WEINEN KÖNNT – NIX IS SO TRAURIG, DASS MAN NICHT DARÜBER LACHEN KÖNNT Ossiach, Kärnten

1991 Franz Grillparzer, Christoph W. Aigner GEDICHTE ORF, Salzburg

Brüder Grimm MÄRCHEN Palmenhaus, Wien

Arthur Schnitzler DIE KLEINE KOMÖDIE, ICH, HALBZWEI Akademietheater, Wien

Sergej Prokofjew ROMEO UND JULIA Schleswig-Holstein-Festival, Neumünster; Alte Oper, Frankfurt am Main

Robert Dachs SALZBURGER FESTSPIELEREIEN Schloss Leopoldskron, Salzburg

Eduard Mörike MOZART AUF DER REISE NACH PRAG Theatermuseum, Wien

1992 Franz Molnár, Arthur Schnitzler SAG BEIM ABSCHIED … Historisches Museum der Stadt Wien

J. W. Goethe WAHRHEIT UND DICHTUNG Piccolo Teatro, Mailand; Gartenhaus, Weimar; Kurhaus, Bad Brückenau

Clemens Hellsberg DIE DEMOKRATIE DER KÖNIGE (Buchpräsentation Wr. Philharmoniker) Großer Musikvereinssaal, Wien

1993 J. W. Goethe, Georg Trakl, Bertolt Brecht/Franz Schubert DAS TRUNKENE LIED (mit Robert Holl) Mozart-Saal im Konzerthaus, Wien

1994 Camillo Öhlberger PHILHARMONISCHE CAPRIOLEN Brahms-Saal des Musikvereins, Wien

1995 Sergej Prokofjew PETER UND DER WOLF Theater an der Wien

Zoltán Kodály HÁRY JÁNOS SUITE Theater an der Wien

1996 Franz Grillparzer, Josef Kainz, Arthur Schnitzler u. a. MAN HAT DOCH EINEN TON MITEINANDER Theater an der Wien

Victor Klemperer TAGEBÜCHER 1933–1945 Burgtheater, Wien; Landestheater, Salzburg

1997 J. W. Goethe/Eduard Mörike/Joseph von Eichendorff/Heinrich Heine LIEDER DER ROMANTIK Theater an der Wien

Wilhelm Sinkovicz MEHR ALS 12 TÖNE (Schönberg-Biographie) Schönberg-Center, Wien

1998 Giorgio Strehler Für ein menschlicheres Theater Burgtheater, Wien

1999 Wilhelm Müller Die schöne Müllerin (Benefizkonzert Kinder-Krebs-Hilfe) Brahms-Saal des Musikvereins, Wien

2000 Arthur Schnitzler Er & Sie – Sie & Er Kleine Komödie, München

Karl Kraus Die letzten Tage der Menschheit Schloss Elmau, Oberbayern

2001 Friedrich Hebbel, Theodor Storm/Johannes Brahms Die blaue Blume Mozart-Saal im Konzerthaus, Wien

2002 Peter Altenberg Skizzen Mozart-Saal im Konzerthaus, Wien

Poesie und Musik Brahms-Saal des Musikvereins, Wien

Monologe und Szenen der Weltliteratur Mozart-Saal im Konzerthaus, Wien

2004 J. W. Goethe, Friedrich Schiller, Heinrich Heine, Bertolt Brecht u. a. Balladen, Romanzen, Unglaubliche Geschichten Mozart-Saal im Konzerthaus, Wien; Funkhaus ORF

Friedrich Schiller, J. W. Goethe / Johannes Brahms, Franz Liszt Vineta, versunkene Stadt Feldkirch; Köln; Bad Kissingen

2005 Loek Huisman Sprach Melodie (J. W. Goethe/Gustave Flaubert/Anton Čechov/Hugo von Hofmannsthal; vierteiliger Zyklus mit Elisabeth Leonskaja) Brahms-Saal des Musikvereins, Wien

Ludwig Tieck/Johannes Brahms Die schöne Magelone (mit Thomas Quasthoff) Brahms-Saal des Musikvereins, Wien

Wien im Gedicht Mozart-Saal im Konzerthaus, Wien

2006 Briefe der Familie Mozart (mit dem Wiener Bläserensemble) Brahms-Saal des Musikvereins, Wien

Sergej Prokofjew Peter und der Wolf Großer Musikvereinssaal, Wien

Herbert Rosendorfer Prosa Schloss Eppan, Südtirol

Mozart-Gala Halle an der Saale; TV-Liveübertragung

Lange Nacht mit Sigmund Freud Museum für Angewandte Kunst, Wien

Hommage à Marcel Prawy (95. Geburtstag) Volksoper, Wien

2007 Arthur Schnitzler Erzählungen und Dialoge Mozart-Saal im Konzerthaus, Wien

Joachim Reiber Menschen, Stimmen, Götterfunken (Buchpräsentation Wiener Singverein) Gläserner Saal, Musikverein, Wien

Lyrik der Zwischenkriegszeit Leopold Museum, Wien

2008 Ludwig Tieck/Johannes Brahms Die schöne Magelone (mit Janina Baechle) Stadttheater Klagenfurt

Arthur Schnitzler Erzählungen, Dialoge Berliner Ensemble

TV-PRODUKTIONEN

Autor Titel Regie *Rolle* Sender

1954 Thornton Wilder Unsere kleine Stadt Harald Braun *George Gibbs* SWF

1955 Jean Giraudoux Undine Ludwig Berger *Ritter Bertram* SWF

1959 Max Mell Das Apostelspiel
Johannes Erich Neuberg ORF

1964 Oscar Wilde Eine Frau ohne Bedeutung Wolfgang Glück *Gerald
Arbuthnot* ORF

Franz Werfel Texte ORF

1965 Stefan Zweig 24 Stunden aus dem
Leben einer Frau Ludwig Cremer
von Boguslawski ZDF

Friedrich Schiller Kabale und Liebe
Erich Neuberg *Ferdinand* ORF/ZDF

1967 August Strindberg Ostern Wilm
ten Haaf *Elis Heyst* SWF

1968 Franz Molnár Der Feldmarschall
Hermann Kutscher *Schauspieler* ORF

Friedrich Torberg Der Schüler
Gerber ORF

1969 Molière Tartuffe Otto Tausig
Valère ZDF

Alexander Lernet-Holenia
Die Standarte ORF

Answald Krüger/Maria Matray
Maximilian von Mexiko Günter
Grävert *Kaiser Maximilian* ZDF

Arthur Schnitzler Das weite Land
Peter Beauvais *Otto von Aigner*
ORF/ZDF

William Shakespeare Wie es euch
gefällt Otto Schenk *Orlando*
ORF/ZDF

J. W. Goethe/Loek Huisman
Der junge Goethe Rolf Hädrich
Goethe ORF

1970 Gottfried Benn Die Stimme hinter
dem Vorhang Rolf Hädrich ZDF

1972 Answald Krüger/Maria Matray
Manolescu Hans Quest *Manolescu*
ZDF

1974 Gregor von Rezzori Maghrebini-
sche Geschichten Walter Davy
Tod ORF/SDR/SFB/WDR

Erich Kästner Am 35. Mai muss der
Mensch auf das Äusserste gefasst
sein *Erzähler* ORF

J. W. Goethe Goethe und sein Faust
Mephisto HR

Herbert Reinecker Der Kommissar:
Mit den Augen eines Mörders
Theodor Grädler *Herr Voss* ZDF

1975 Heinrich Hoffmann Der Struwwel-
peter C. Rainer Ecke *Lehrer* ORF

1976–88 29 Folgen Liedercircus ORF/ZDF

1977 Peter Lodynski Sechzig Minuten
Heltau Peter Lodynski ORF/ZDF

Gastauftritte in der René Kollo- und
der Anneliese Rothenberger-Show
ZDF

1980 Herbert Asmodi Begegnungen
(4 Episoden) Wolfgang Becker ZDF

1981 Kurt Tucholsky u. a.
Gesagt – gesungen ZDF

Vom Himmel das Blau (Produktion
der gleichnamigen Schallplatte) ORF

1983 Raoul Auernheimer Wiener
Klatsch Georg Madeja *Hofrat
Fentsch/Der junge Flattau/Emmerich*
ORF/ZDF

1984 Oscar Wilde Ein idealer Gatte
Hans Jaray *Lord Goring* ORF/ZDF

1985 Hoch lebe Österreich Festwocheneröffnung auf dem Wiener
Rathausplatz *Moderation und Chansons* ORF

Ralph Benatzky Es muss was Wunderbares sein *Moderation und
Chansons* ORF

Herbert Reinecker DERRICK:
DAS ABSOLUTE ENDE Alfred Vohrer
Rocco Gretschkow ZDF

1986 Arthur Schnitzler aus ANATOL:
ABSCHIEDSSOUPER/ANATOLS
HOCHZEITSMORGEN/WEIHNACHTS-
EINKÄUFE Hans Jaray *Anatol*
ORF/ZDF

ENDSTATION JUGEND: Diskussion über
das Alter ORF

Salvatore Gotta MINO (IL PICCOLO
ALPINO) Gianfranco Albano *Karl
von Stolz* RAI

1988 Loek Huisman EIN LIED GEHT UM
DIE WELT Festwocheneröffnung auf
dem Wiener Rathausplatz *Moderation und Chansons* ORF/3sat

1990 Herbert Reinecker DERRICK:
BEZIEHUNG ABGEBROCHEN Zbynek
Brynych *Prof. Reichl* ZDF

ICH ÜBER MICH (Porträt Karl Löbl)
ORF

1991 Volker Vogeler DER ALTE: DER VER-
LORENE SIEG Helmut Ashley *Martin
Bertold* ZDF

1993 Loek Huisman WELCH LAND IST
DIES, FREUNDE? (AMERIKA, GESAGT –
GESUNGEN) ORF

Robert Stolz FASCINATION ORF

Loek Huisman FESTWOCHEN-
ERÖFFNUNG auf dem Wiener Rathausplatz, mit der Spanischen Hofreit-
schule ORF/Eurovision

1994 Ernst Trost DAS BLIEB VOM DOPPEL-
ADLER

1995 GALIZIEN, KENNEN SIE DAS?

1996 STARPORTRÄT (Rose Kern) ORF

Barbara Piazza ALLE MEINE TÖCHTER
(zwei Folgen in der Serie: Zeichen und
Wunder; Die Sache mit dem Ego)
Marco Sevenic ZDF

Herbert Reinecker DERRICK: ZEUGE
KARUHN Peter Deutsch *Paul Karuhn*
ZDF

Manfred Wagner KENNEN SIE
BRUCKNER? *Kommentar* ORF

1997 MAL EHRLICH (Interview mit Anne
Will) SFB

1999 Peter Zurek SCHNITZLER TAGEBUCH
Wolfgang Hackl *Kommentar*
ORF/3sat

2002 Peter Zurek STEFAN ZWEIG – DER
HEIMATLOSE EUROPÄER Wolfgang
Hackl *Kommentar* ORF/3sat

2007 WEIHNACHTEN IN EUROPA BR

RUNDFUNK-PRODUKTIONEN

(wenn nicht anders angegeben, Produktion des ORF; zahlreiche Lyrik-
lesungen für die ORF-Reihe »Du holde
Kunst« sind nicht eigens angeführt)

Autor TITEL *Rolle*

1952 Harald Zusanek KEIN WASSER FÜR
MICHELE

1954 Franz Grillparzer EIN TREUER DIE-
NER SEINES HERRN

1958 Albert Camus CALIGULA *Der junge
Scipio*

1959 Paul Valéry MEIN FAUST *Schüler*

1960 Werner Riemerschmid DIE ANDERE
MÖGLICHKEIT *Student*

James Matthew Barrie ZURÜCK ZUR
NATUR *Ernest Wooley*

Otto L. Fischer Ein Ausgangstag
Toni

1961 Karl Kraus Traumtheater *Walter*
HR/ORF

1962 Arthur Schnitzler Lebendige Stunden *Heinrich*

1963 Lillian Hellman/Michael Stewart
Candide (nach Voltaire)

1964 Arthur Schnitzler Anatol *Anatol*
NDR

Franz Theodor Csokor Pilatus
Apostel Johannes

Hermann Freudenberger Hinter
den Spiegeln *Twen*

1965 Ernst Lothar Der Engel mit der
Posaune *Hans Alt*

1967 A. L. Barker Jemand an der Tür
Len

1968 Friedrich Torberg Der Schüler
Gerber *Kurt Gerber*

Tania Blixen Die Rache der Wahrheit *Jan Bravida*

André Gide Isabelle

Lotte Ingrisch Der Unstern *Kilian
Nasentrost*

William Shakespeare Der Sturm
Ferdinand

Arnold Zweig Geheime Botschaft

Godwin Frances Der fliegende
Wandersmann nach dem Mond
Mondmensch

Oscar Wilde Eine Frau ohne
Bedeutung *Illingworth*

1969 Joseph Roth Radetzkymarsch

Henrik Ibsen Gespenster *Oswald*

A. J. Cronin Sperlinge in Gottes
Hand *Dr. Paul Venner*

1970 Joseph Roth Die Kapuzinergruft

Jean Anouilh Leocadia *Der Prinz*

Joseph Roth Die Geschichte von
der 1002. Nacht

August Strindberg Rausch *Maurice*

1972 Lillian Hellman Die kleinen Füchse
Horace Giddens

Juliane Windhager Geburtstags-
morgen *Ernst*

Wolfgang Kohlhaase/Rita Zimmer
Fisch zu viert *Rudolf Moosdenger*

Arthur Schnitzler Halbzwei *Er*

1973 Knut Hamsun Victoria *Johannes*

1974 Die Reise in die Tiefe der Zeit

Friedrich Schiller Don Carlos
Carlos

Luigi Pirandello Heinrich IV.
Heinrich IV.

Ina Seidel Du bist mein

1975–85 Briefe der Familie Mozart

1975 Herbert Leger Mord bleibt in der
Familie

Melchior Lengyel Ninotschka
Graf Leon

Oscar Wilde Bunbury *Algernon
Moncrieff*

1976 Heinrich Heine Die Memoiren des
Herrn von Schnabelewopski

Lächeln gehört zum guten Ton

Felix Salten Fünfzehn Hasen – ein
Leben im Walde

Alfred Polgar/Peter Altenberg Jeder
nach seiner Façon

1977 Guy de Maupassant Weihnachts-
abend

Arthur Schnitzler Bacchusfest
Dr. Guido Wernig

1978 Charles S. Chaplin Die Geschichte
meines Lebens

Stefan Zweig Schachnovelle
Stefan

Karel Čapek Wie man einen jungen
Hund fotografiert

1979 Arthur Schnitzler Die kleine
Komödie *Alfred von Wilmers*

Ariano Vilar Suassuno Das Testa-
ment des Hundes oder Das Spiel
von Unserer Lieben Frau der
Mitleidvollen *Hanswurst*

1980 Natalia Ginzburg Ein Dorf am
Meer *Marco*

Arthur Schnitzler Das Wort
Anastasius Treuenhof

Else Breen Warte nicht auf einen
Engel *Michael*

Peter Altenberg Erzählungen

Arthur Schnitzler Er wartet auf
den vazierenden Gott

Ernst Lothar Tanzstunde

Robert Musil Rom, Gianicolo

Jaroslav Hašek Eine Esels-
geschichte aus Bosnien

Rudolf Bayr Hippolyte Taine:
Reise in Italien

Peter Wagner Das Gespenst Hugo-
Hugo

Raoul Auernheimer Gesellschaft
Baron Amberg

1982 Alois Brandstetter Die Abschaffung
der Heimat

Meinrad Inglin Die Furggel

1983 Stefan Zweig Rausch der Verwandlung

Joseph Roth April

Friedrich Hebbel Aus der Selbst-
biographie

1984 Alfred Paul Schmidt Der unkom-
mode Geselle

Stefan Zweig Wien 1934

Peter Handke Epilog aus
»Der Chinese des Schmerzes«

Felix Salten Die blassen Herbst-
zeitlosen sind verblüht

1985 Stefan Zweig Schnee

Patrick Süskind Das Parfum

1986 Felix Salten Florian – das Pferd
des Kaisers

1987 Arthur Schnitzler Der einsame Weg
Stephan von Sala

1989 Leo Perutz Der Meister des
jüngsten Tages *Gottfried Freiherr
von Yosch* BR/ORF

Julien Green Christine

J. W. Goethe Gedichte

Julian Schutting Aufhellungen *Er*

1990 Henrik Ibsen Hedda Gabler *Eilert
Lövborg*

Franz Werfel Die vierzig Tage des
Musa Dagh

1991 Hans Jaray Die Übersiedlung (nach
Oscar Wilde) *Lord Philipp Savil*

W. A. Mozart Briefe

Alexander Sacher-Masoch Das
Erntefest

Guy de Maupassant Erinnerungen

Stefan Zweig Die Welt von gestern

1992 Stefan Zweig Praterfrühling

Arthur Schnitzler Zwischenspiel
Amadeus Adams

Ingomar von Kieseritzky Der Zerfall *Dr. Fischer* SFB/ORF

Stefan Zweig Georg Friedrich
Händels Auferstehung

Hermann Hesse Gedichte

Stefan Zweig Episode am Genfer
See

Robert Stolz Lieder HR

Miguel de Cervantes Don Qui-
chotte BR

1993 So spielen wir Theater (mit Käthe
Gold)

Rainer Maria Rilke Gedichte

Joseph Roth Radetzkymarsch BR

Walter Schlorhaufer Diesseits von
Eden *Mann 2*

1994 Alexander Puschkin Eugen Onegin

1995 Arthur Schnitzler Die Schwestern
oder Casanova in Spa *Casanova*

Sergej Prokofjew Peter und der
Wolf BR

Zoltán Kodály Háry János-Suite

1996 Über Claude Monet

Das unsichtbare Opernhaus (mit
Klaus Bachler)

Giorgio Strehler Für ein menschlicheres Theater

1999 Alexander Puschkin Puschkin
und die Musik

Robert Stolz-Matinee mit
Marcel Prawy

2001 Grafenegger Advent

O. Henry Tscherokis Weihnachts-
bescherung

2002 Theater ohne Vorhang
Michael Heltau im Hörspielstudio

Radio-Kolleg: Hamlet

2003 Lange Nacht mit Ö 1

Staatsoper aktuell

2005 Barbara Frischmuth Auf der Suche
nach Iván M. *Iván*

FILMOGRAPHIE

Titel Regie *Mitwirkende* Rolle

1954 Dieses Lied bleibt bei Dir (auch:
Cabaret, Kabarett) Willi Forst *Paul
Henreid, Eva Kerbler, Ernst Stankovski,
Nicole Heesters* Soldat

1954 Schloss Hubertus Helmut Weiss
*Friedrich Domin, Gustav Waldau,
Marianne Koch, Lil Dagover* Maler
Forbeck

1955 Der letzte Mann Harald Braun
*Hans Albers, Romy Schneider, Rudolf
Forster, Peter Lühr* Helmut Bühler

1956 Verlobung am Wolfgangsee Helmut Weiss *Wolf Albach-Retty, Maria
Andergast, Ingrid Andree* Michael

1957 Die liebe Familie Helmut Weiss
*Luise Ullrich, Hans Nielsen, Ingrid
Andree, Adrienne Gessner, Peter Weck*
Toni Pacher

1957 LEMKE'S SEL. WITWE Helmut Weiss
Grethe Weiser, Paul Hörbiger Prinz
Eduard

1958 MAN IST NUR ZWEIMAL JUNG Helmut
Weiss *Winnie Markus, Wolf Albach-
Retty, Lotte Lang, Josef Meinrad, Louise
Martini* Hans-Ueli

1958 WIENER LUFT (auch: Achtung Auto-
diebstahl) Ernst Hofbauer; Walter
Kolm-Veltée *Ingrid Andree, Heinz
Conrads, Peter Weck* Peter

1959 AUCH MÄNNER SIND KEINE ENGEL
Ernst Hofbauer; Walter Kolm-Veltée
Ingrid Andree, Peter Weck Peter

1959 PANOPTIKUM 59 Walter Kolm-Veltée
*Alexander Trojan, Alma Seidler,
Melanie Horeschovsky* Werner

1961 VERDAMMT DIE JUNGEN SÜNDER
NICHT Hermann Leitner *Werner
Hinz, Gertraud Jesserer, Cordula
Trantow* Fred

1973 ARTHUR SCHNITZLER: REIGEN Otto
Schenk *Erika Pluhar, Senta Berger,
Sydne Rome, Helmut Berger, Peter
Weck, Maria Schneider, Helmut Lohner*
Dichter (Robert)

DISKOGRAPHIE

Titel AUTOR erschienen bei

Die Leiden des jungen Werther J. W.
GOETHE Preiser 3019-20 CD PR 90368

Kinder und Narren Preiser SPR 3217

Statt zu singen Preiser SPR 3204
CD PR 90061

Statt zu reden Polydor 2376010

Helden, Helden Ariola 86434 IU

Der Reigen OSCAR STRAUS, REIGEN-
WALZER Polydor 2048 129

Heltau singt Brel Polydor

Hallelujah Preiser SPR 3258

Heltau Live Mitschnitt von
»Heltau × 2« Polydor 2679 041

*Die Aufzeichnungen des Malte
Laurids Brigge* RILKE
DGG 2570 007

*Michael Heltau präsentiert Stars und
Chansons* Polydor 2371 816

Ich schau Euch an
Polydor 2371 847

Heltau in Gold Karussell 3160 220

*Himmelhoch jauchzend, zu Tode
betrübt* Wienerische Lieder I
Ariola 200 850-365

Ich bin Ariola 201 860-365

*Olympiade/Ich wollte Dich nur einfach
sehn* Ariola 102 028-100

Liedercircus Ariola 203 060-365

Dös is klassisch … JOHANN NESTROY
ORF 603

Ein Chanson mit André Heller
Ariola 103 225-100

Vom Himmel das Blau
Ariola 203 923-365

Ich stelle mich Ariola 204 402-365

Geht's und verkauft's mei G'wand
Wienerische Lieder II
Ariola 205 389-365

Danke Doppel-Album, Mitschnitt
der Show im Volkstheater 3. 3. 1984
Polydor 823 516-1Y02

20 Lieder und Chansons
Polydor-Club 27 546-1

Die Macht des Wortes Kabinettstücke der literarischen Rhetorik Funk Uhr/DGG 415 227-1

Klassik-pop-et cetera Deutschlandfunk

Ball der Wiener Philharmoniker BRIEF JOHANN STRAUSS ETC. (Ballspende)

Gefesselte Fantasie Mitschnitt des Vortragsabends im Akademietheater 1988 Amadeo 423 811-1

Heltau – Brel Vol. 2 Polydor 839 339-1; CD: 839 339-2

Egmont J. W. GOETHE – L. V. BEETHOVEN Mitschnitt aus dem Hessischen Staatstheater Wiesbaden

Fort mit dir, nach Paris MOZARTBRIEFE Amadeo 431466-2

Peter und der Wolf CBS CD 46475

Die Entführung aus dem Serail Sony S2K 48053

Wienerische Lieder Preiser PR 90144

Philharmonische Kapriolen Preiser PR 90231

Servus, Du Preiser PR 90240

Die Zeit ist sonderbar und sonderbare Kinder hat sie Amadeo 429453-2

My Fair Lady Reverso 660 802

Noch einmal, Herr Direktor! + Video Reverso 74321 26588 2

Die Entführung aus dem Serail Salzburger Festspiele 1965 Orfeo C 392 9521

Die lustige Witwe Capriccio 6007-2

Lieder der Romantik Preiser PR 90339

Lieder und Gedichte zur Weihnacht cetto 01/52526

Die kleine Komödie SCHNITZLER mit Christiane Hörbiger Preiser PR 93422

Wie ich es sehe PETER ALTENBERG Naxos NHB 10672

Literarische Begegnungen BEETHOVEN, GRILLPARZER, LENAU, BRENTANO, WAGNER Naxos NHB 20322

Wien im Gedicht Hörbuch öbv ISBN 3-209-03400-1

Das Land Phantásien edel classics 001741 2 BC

Weihnachten mit dem Brucknerorchester Edition Bruckner Orchester 11061/11709

Die Kapuzinergruft JOSEPH ROTH Ö 1 ORF CD 665-LC 11428

Das Stundenbuch RAINER MARIA RILKE Preiser PR 90664

Balladen, Romanzen, Unglaubliche Geschichten Preiser PR 90622

Operette sich wer kann + DVD Preiser PR 90649

Best of Brel Preiser PR 90681

Mozart auf der Reise nach Paris Hörbuch ISBN 3-9810307-6-1

Wien g'spürn ROLAND NEUWIRTH & EXTREMSCHRAMMELN (Gastauftritt) AustroMechana / Biem CD 5051-011-4844-5-2

Radetzkymarsch JOSEPH ROTH Hörbuch Diogenes ISBN 987-3-257-80159-0

Die Geschichte von der 1002. Nacht JOSEPH ROTH Hörbuch Diogenes ISBN 978-3-257-80198-9

Benn-Now GOTTFRIED BENN assemble Art ISBN 978-3-941160-00-2

Personenregister

Zusammenstellung:
Peter Michael Braunwarth

Bildnachweis

Archiv Michael Heltau (Vorsatz und Nachsatz, 6, 19, Collage p. 26, 34, 59, 60, 64, 68, 80, 83, 84 unten, 102, 107, 119, 129, 170), Foto Bartsch (10), Rosemarie Clausen (13), Volkstheater / Helmut Baar (18), Peter Lehner (23), Elisabeth Hausmann (31, 69, 91, 109, 110), Foto Palffy (41, 116), Dieter Hofmann (42 oben), Ernst Hausknost (42 unten), G. A. Castagne (47), Susanne Gelles (51), Pressefoto Horowitz (54, 55), TV Hören und Sehen / Aribald Wesse-low (56), Johann Klinger (67, 92), Archiv der Salzburger Festspiele / Foto Ellinger (70), Die Presse / Ernst Kloss (75), Archiv der Salzburger Festspiele / A. Madner (84), Luigi Ciminaghi (89, 145, 153), Will Appelt (90), Fred Lauzensky (96), Kronen Zeitung / Molin (99) Walter Gnaiger (115), ÖNB Wien BA1NR 00011 / Harry Weber (125), Eva Stokowy (126), Gabriela Brandenstein (130, 138, 161, 162, 183, 186), IMAGNO / Barbara Pflaum (135), Andreas Pohlmann (155), Reinhard Werner (156), Volksoper Wien / Axel Zeininger (167), Reinhard Bimashofer (175), Elfie Wollenberger (178)

Wir danken der Bühne-Redaktion für die Überlassung ihres Archivmaterials.

Die Rechtslage bezüglich der in diesem Buch reproduzierten Abbildungen wurde – soweit möglich – sorgfältig geprüft. Eventuelle berechtigte Ansprüche werden vom Verlag in angemessener Weise abgegolten.

BURGTHEATER   *Wien Rieren 1994*

Mein lieben Apostel!

*Ich uneame dich mit tiefe und tiefe
liebe. Dre brit ein Schauspieler wie ich
denke mullveim. Ein Beispiel.
Wie viele Zeit heben wir verloren, Micki.
Sie haben uns micht gelallen machem alles
was wir konten!
Heute dein Cotome ist für dich ein Ziel,
ein Hohepunkt. Für mich nur eine
Bestetipung.
Seyt unsere Vater William rupenes isell,
Aber man mus el verdienen! Du hast
verdienst mit eine lange Arbeit der Seele.
Denke für deine Treue.*

Dein

Ginjio